KB093776

제대로

독 해 잡 는

문법구문

세 트

Read
-ing

Phrase

GRAMMAR

남조우 지음

책벌레

STRUCTURE

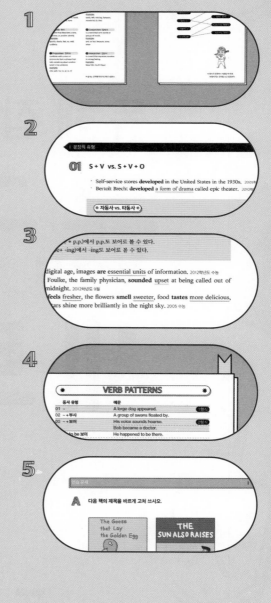

1

2

| 문장의 유형

01 S + V vs. S + V + O

· Self-service stores **developed** in the United States in the 1930s. 2009년
· Bertolt Brecht **developed** a form of drama called epic theater. 2010년

● 자동사 vs. 타동사 ●

3

+ p.p.)에서 p.p.도 보어로 볼 수 있다.
+ -ing)에서 -ing도 보어로 볼 수 있다.

digital age, images **are** essential units of information. 2012학년도 수능
Foulke, the family physician, **sounded** upset at being called out of
midnight. 2012학년도 9월
feels fresher, the flowers **smell** sweeter, food **tastes** more delicious,
ars shine more brilliantly in the night sky. 2005 수능

4

| ✴ | VERB PATTERNS | ✴ |

동사 유형	예문	
01 ~	A large dog appeared.	1형식
02 ~ + 부사	A group of swans floated by.	
03 ~ + 보어	His voice sounds hoarse.	2형식
	Bob became a doctor.	
~ to be 보어	He happened to be there.	

5

연습 문제

A 다음 책의 제목을 바르게 고쳐 쓰시오.

The Goose
that Lay
the Golden Egg

THE
SUN ALSO RAISES

1 워밍업

본격적인 학습에 앞서 핵심 내용을 재미있는 삽화와 한 눈에 들어오는 도표로 정리했습니다.

2 문장을 보는 눈을 키우는 63개의 구문 패턴

길고 복잡한 문장이 만들어지는 원리를 패턴으로 제시해 어떤 문장도 한 눈에 파악할 수 있도록 했습니다. 또한 길고 복잡한 문장을 이해하는 데 꼭 필요한 문법 요소를 함께 제시해 문법과 구문을 동시에 정복할 수 있습니다.

3 수능 기출과 모의평가에서 발췌한 예문들

본문과 예문을 수능 기출과 모의평가에서 발췌하여 실전 감각을 기를 수 있도록 했습니다. 여기에 제시된 문장을 제대로 학습하면 고등학교 과정의 어떤 문장도 해석할 수 있습니다.

4 함께 알아둬야 할 사항들이 적힌 메모 박스 및 자료들

문법과 구문 설명들 외에 추가적으로 알아둬야 할 사항들을 메모박스와 시각화된 자료들로 제시했습니다.

5 참신하고 충분한 연습 문제

본문의 내용을 제대로 학습했는지 확인할 수 있도록 참신한 연습문제를 실었습니다. 이곳의 연습문제를 모두 소화한다면 이젠 본격적으로 독해를 잡으러 떠날 시간이 된 것입니다.

CONTENTS

PARTS OF SPEECH

❶ Noun 명사

is a word that names a person, a place, a thing, or an idea.

Examples

Rooney, ball, net, goal, foot, water, friendship

❷ Pronoun 대명사

is a word that takes the place of a noun.

Examples

I, me, we, she, he, his, you, it, they, them

❸ Verb 동사

is a word that expresses an action, an event or a state.

Examples

pass, kick, smile, eat, drink, build, open, do, am, is, are, have

❹ Adjective 형용사

is a word that describes a noun or a pronoun. Adjectives tell how many, what kind, or which one.

Examples

quick, left, red, big, fantastic, wonderful, (a, an, the)

❺ Adverb 부사

is a word that describes a verb, an adjective, or another adverb.

Examples

quickly, slowly, fast, so, well, suddenly

❻ Conjunction 접속사

is a word that joins words or groups of words.

Examples

and, or, but, because, since, when, if, though

❼ Preposition 전치사

combines with a noun or a pronoun to form a phrase that tells something about another word in the sentence.

Examples

into, with, for, to, at, in, of

❽ Interjection 감탄사

is a word that expresses emotion or strong feeling.

Examples

Wow!, Oh!, Ouch!, Oops!

☆ 품사는 문맥에 따라 마구마구 변한다.

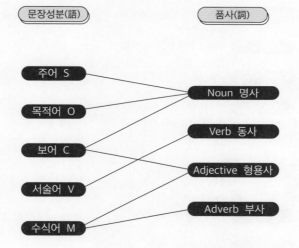

짝을 찾아라!

문장성분(語)

품사(詞)

주어 S

목적어 O

보어 C

서술어 V

수식어 M

Noun 명사

Verb 동사

Adjective 형용사

Adverb 부사

☆ 명사가 문장에서 사용될 때 대개
'한정사'라는 모자를 쓰고 등장한다.

구 vs. 절

: 두 개 이상의 단어가 모여 하나의 품사 역할을 하는 것

구 ✎ '주어 + 동사'가 없다

명사구 주어, 목적어, 보어 역할

형용사구 명사를 수식(한정), 명사를 설명

부사구 형용사나 동사, 문장 전체를 수식
시간, 장소, 이유, 목적, 결과, 정도, 조건, 양보, 방향, 빈도 등

절 ✎ '주어 + 동사'가 있다

명사절 주어, 목적어, 보어 역할

형용절 명사를 수식(한정) = 관계사절

부사절 시간, 장소, 이유, 목적, 결과, 양보, 비교, 정도, 조건, 빈도 등

절(단문)의 구성

☆ 절(단문)의 구성 = **주부** 명사가 핵심 + **술부** 동사가 핵심

주부 ·····Tom and his colleague, Sue,

술부 ·····were attending a conference for music teachers in New York.

주부 ·····The great nineteenth-century mathematician Carl Friedrich Gauss

술부 ·····also admitted that intuition often led him to ideas he could not immediately prove.

주(어)부 주어와 주어 수식어구를 포함하는 부분

(서)술부 동사를 핵으로 목적어나 보어, 기타 수식어구를 포함하는 부분

문장은 ...

단문

~S~ + ~V~ .

하나의 절에는 하나의 동사만 있다.
문장은 마침표(느낌표, 물음표)를 찍어야 끝난다.

중문

주절(S + V) **등위접속사** 주절(S + V) .

복문

종속접속사 종속절(S + V), 주절(S + V) .

복문

주절(S + V) **종속접속사** 종속절(S + V) .

혼합문

단문 + 복문

☆ 절과 절이 연결되기 위해서는 반드시 **접속사**가 있어야 한다. (예외 있음)

☆ 동사(V)는 반드시 (의미상) 주어, 시간, 태를 갖는다.

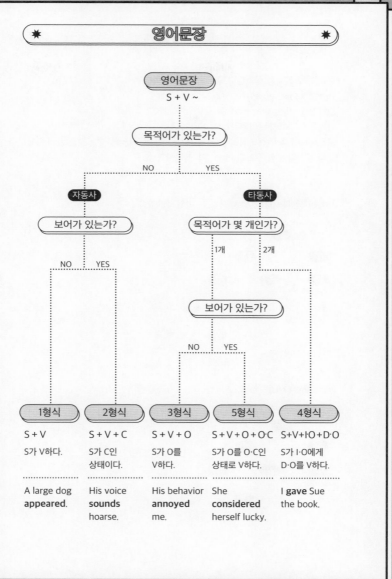

영어문장

영어문장
S + V ~

목적어가 있는가?

NO   YES

자동사   타동사

보어가 있는가?   목적어가 몇 개인가?

NO   YES   1개   2개

보어가 있는가?

NO   YES

1형식	2형식	3형식	5형식	4형식
S + V	S + V + C	S + V + O	S + V + O + O·C	S+V+I·O+D·O
S가 V하다.	S가 C인 상태이다.	S가 O를 V하다.	S가 O를 O·C인 상태로 V하다.	S가 I·O에게 D·O를 V하다.
A large dog **appeared**.	His voice **sounds** hoarse.	His behavior **annoyed** me.	She **considered** herself lucky.	I **gave** Sue the book.

"시간은 화살처럼 날아간다."를 영어로 표현하면
Time flies like an arrow. 맞죠?
그럼 Fruit flies like an apple.은 어떻게 해석이 될까요?
과일은 사과처럼 날아간다?
문장의 구조를 이해하게 되면 위에 제시된 해석이 엉터리라는 것을 알게 되요.
그럼 각각의 문장 구조를 한 번 살펴볼까요?

Time flies like an arrow. 시간은 화살처럼 날아간다.

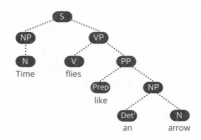

Fruit flies like an apple. 과실파리는 사과를 좋아한다.

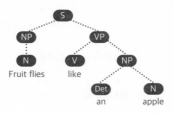

✺ VERB PATTERNS ✺

동사 유형	예문	
01 ~	A large dog appeared.	1형식
02 ~ + 부사	A group of swans floated by.	
03 ~ + 보어	His voice sounds hoarse.	2형식
	Bob became a doctor.	
04 ~ + to be 보어	He happened to be there.	
~ + (to be) 보어	He seems (to be) angry.	
05 ~ + as 보어	Mr. Brown acted as chairman.	
06 ~ + 전치사 + 명사	The house belongs to him.	
07 ~ + 전치사 + 명사 + to do	He waited for the door to open.	
08 ~ + p.p.	He stood amazed.	
09 ~ + 목적어	His behavior annoyed me.	3형식
10 ~ + 목적어 + 부사	He put his coat on.	
11 ~ + -ing	She never stops talking.	
12 ~ + to do	I want to leave now.	
13 ~ + 목적어 + to do	I forced him to go with me.	
14 ~ + 목적어 + 보어	She considered herself lucky.	5형식
15 ~ + 목적어 + (as) + 보어	They elected him (as) president.	
16 ~ + 목적어 + to be + 보어	They felt the plan to be unwise.	
~ + 목적어 + (to be) + 보어	We think him (to be) a good teacher.	
17 ~ + 목적어 + do	Did you hear the phone ring?	
18 ~ + 목적어 + -ing	His comments set me thinking.	
	I saw him crossing the street.	
19 ~ + 목적어 + p.p.	I heard my name called.	
	She had her purse stolen.	
20 ~ + that 절	It seems that he is fond of sweets.	
~ + (that) 절	He said (that) he would send his son to college.	
21 ~ + 목적어 + that 절	Can you remind me that I need to buy some milk?	
	They warned us that the roads were icy.	
22 ~ + wh. to do	We could not decide what to do.	
	I don't know how to play chess.	
23 ~ + 목적어 + wh. to do	I showed her how to do it.	
24 ~ + wh. 절	I wonder what the job will be like.	
25 ~ + 목적어 + wh. 절	I asked him where the hall was.	
26 ~ + 목적어 + 목적어	I gave Sue the book.	4형식
27 ~ + 목적어 + 부사 + 목적어	Please bring me back those books.	
28 ~ + 목적어 + 전치사 + 명사	Park kicked the ball into the net.	
29 ~ + 전치사 + 명사 + that 절	Bob explained to me that he had been delayed by the weather.	

Key to Verb Patterns II

1 Intransitive verbs 자동사
[V]   A large dog appeared.
[V + adv./prep.]   A group of swans floated by.

2 Transitive verbs 타동사
[VN]   Jill's behavior annoyed me.
[VN + adv./prep.]   He kicked the ball into the net.

3 Transitive verbs with two objects 두 개의 목적어를 취하는 타동사
[VNN]   I gave Sue the book.

4 Linking verbs 연결 동사
[V-ADJ]   His voice sounds hoarse.
[V-N]   Elena became a doctor.
[VN-ADJ]   She considered herself lucky.
[VN-N]   People elected her president.

5 Verbs used with clauses or phrases 절이나 구를 취하는 동사
[V that] [V (that)]   He said that he would walk.
[VN that] [VN (that)]   Can you remind me that I need to buy
                        some milk?
[V wh-]   I wonder what the job will be like.
[VN wh-]   I asked him where the hall was.
[V to]   I want to leave now.
[VN to]   I forced him to go with me.
[VN inf]   Did you hear the phone ring?
[V -ing]   She never stops talking.
[VN -ing]   His comments set me thinking.

6 Verbs + direct speech 피전달문과 함께 쓰이는 동사
[V speech]   "It's snowing," she said.
[VN speech]   "Tom's coming too," she told him.

V	Verb 동사
N	noun phrase 명사구
ADJ	Adjective 형용사
adv.	adverb 부사
prep.	prepositional phrase 전치사구 = '전치사 + 목적어'
	(문장에서 형용사 또는 부사의 역할을 함.)
to	to infinitive to 부정사
inf	infinitive without 'to' to 없는 부정사 = 원형 부정사 = 동사원형

☆ adapted from Oxford ADVANCED LEARNER'S Dictionary

CHAPTER I 문장의 유형

01 S + V vs. S + V + O

· Self-service stores **developed** in the United States in the 1930s. 2009학년도 9월

· Bertolt Brecht **developed** a form of drama called epic theater. 2010학년도 수능

● 자동사 vs. 타동사 ●

· 동사 뒤에 목적어가 쓰이면 타동사, 목적어가 없으면 자동사이다.
  목적어는 동사의 "대상"이 되는 말이다.
· 동사의 종류는 문맥에서 결정되며, 대부분의 타동사는 자동사로도 쓰일 수 있다.

 S + V 만으로 이루어진 문장은 거의 없고, 그 뒤에 부사(구)가 와서 길어진다.
  문장에 따라서는 부사구가 없으면 안 되는 문장들도 있다. 6형식
  목적어 뒤에도 부사구가 반드시 필요한 문장들도 있다. 7형식

---

001 This door won't **open**. Can you **open** it?

002 Usually, my daughter **walks** to school, but today, I **walked** her to her classroom.

003 Sperm whales **travel** in social groups, and may even **share** suckling of calves. 2012학년도 수능

자동사로 오해하기 쉬운 타동사 Best 13				타동사로 오해하기 쉬운 자동사 Best 8	
marry	resemble	mention	await	apologize to	get to
discuss	approach	follow		arrive at/in	listen to
enter	answer	obey		reply to	lead to
reach	leave	survive		start from	wait for

 타동사의 목적어 앞에는 전치사를 쓰면 안 된다.

 해석
· 셀프 서비스 상점들은 1930년대에 미국에서 생겨났다.
· Bertolt Brecht는 서사극이라고 불리는 드라마 형식을 발전시켰다.
001 이 문은 열리려고 하지 않는다. 네가 이것을 열 수 있겠니?
002 대개 내 딸은 학교까지 걸어가는데, 오늘은 내가 그녀의 교실까지 바래다주었다.
003 향유고래는 사회적 집단을 이루어 이동하고, 심지어는 새끼들에게 젖 먹이는 것을 함께 한다.

02 S + V + C

· When you fall in love, your problems and challenges suddenly **seem** <u>insignificant</u>. 2005학년도 수능

· When many roles make conflicting demands on you, you may **feel** quite <u>uncomfortable</u> and at times <u>frustrated</u>. 2001학년도 수능

● 연결동사 ●

· 보어를 취하는 동사를 연결동사(Linking verb)라 하는데, '주어 + 동사'만으로 완전한 의미 전달이 되지 않고, 주어를 설명·보충하는 보어(C)가 필요하다.

① '~이다(S = C)'의 의미를 가지는 동사 ············· She **is** attractive.

② '~이 되다(S → C)'의 의미를 갖는 동사 ············· She **became** annoyed.
　　　　　　　　　　　　　　　　　　　　She **became** a teacher.

③ 감각을 통해 주어의 상태를 나타내는 동사 ········ She **seems** happy.

· 수동태 구문(be + p.p.)에서 p.p.도 보어로 볼 수 있다.
· 진행표현(be + -ing)에서 -ing도 보어로 볼 수 있다.

---

004 In this digital age, images **are** <u>essential units</u> of information. 2012학년도 수능

005 Doctor Foulke, the family physician, **sounded** <u>upset</u> at being called out of bed at midnight. 2012학년도 9월

006 The air **feels** <u>fresher</u>, the flowers **smell** <u>sweeter</u>, food **tastes** <u>more delicious</u>, and the stars shine more brilliantly in the night sky. 2005학년도 수능

 · 네가 사랑에 빠질 때, 너의 문제와 어려운 일들은 갑자기 하찮은 것으로 보인다.
　　　· 여러 역할들이 너를 갈등에 빠지게 하는 요구를 할 때, 너는 매우 불편하고 때때로 좌절감을 느낄 수도 있다.
　004 이러한 디지털 시대에, 이미지는 정보의 필수적인 단위이다.
　005 가정 주치의인 Foulke 박사는 자정에 자다가 호출당하는 것에 언짢은 듯 들렸다.
　006 공기는 더 상쾌하게, 꽃은 더 향기롭게, 음식은 더 맛좋게 느껴지고, 별들은 밤하늘에 더 빛나게 반짝인다.

03 S + V + I·O + D·O

· She **gave** Betty two months' salary as severance pay. 2012학년도 수능

· Photographs **show** us what really happened. 2000학년도 수능

(◉ 수여동사 ◉)

· 4형식 문장은 간접목적어와 직접목적어를 필요로 한다.

· 4형식 문장은 3형식 문장으로 전환할 수 있다.

S + V + I·O + D·O ↔ S + V + D·O + to + I·O
give, offer, promise, lend, owe, pay, send, show, teach, tell, bring, etc.

S + V + I·O + D·O ↔ S + V + D·O + for + I·O
buy, find, get, cook, choose, make, do, etc.

S + V + I·O + D·O ↔ S + V + D·O + of + I·O
ask, beg, inquire, etc.

---

007 My husband **bought** me a sports car for my birthday!

008 He **gave** his daughters a full classical education including painting.
2011학년도 6월

009 My grandpa **taught** me that living a simple life isn't about self-deprivation.
2014학년도 수능

해석
· 그녀는 Betty에게 2개월분의 월급을 해직 수당으로 주었다.
· 사진들은 실제로 일어난 일을 우리에게 보여준다.
007 나의 남편은 내게 생일 선물로 스포츠카를 사주었다.
008 그는 딸들에게 미술을 포함한 완전한 고전 교육을 제공했다.
009 나의 할아버지는 내게 단순한 삶을 사는 것은 자기박탈이 아니라고 가르쳐 주셨다.

cf. 이 밖에도 2개의 목적어를 필요로 하는 동사들이 있다.

take + O_1 + O_2 envy + O_1 + O_2
cost + O_1 + O_2 deny + O_1 + O_2
save + O_1 + O_2 spare + O_1 + O_2

· The work **cost** him another week of extra work. 2009학년도 9월

· I could **save** people the trouble of going into the store by making my produce accessible at the side of the road. 2010학년도 수능

· It **took** us about six hours to reach the top. 2001학년도 수능
 = It took about six hours (for us) to reach the top.

cf. bet은 3개의 목적어를 취하기도 한다.

직접 문장을 만들어 보세요!

I'll bet you _____ dollars that _____.

04 S + V + O + O·C

· Jack wanted to stop reading the book because he **found** it very boring.
2001학년도 수능

· The sweeping beautiful view **made** the hard climb worthwhile. 2001학년도 수능

> ● 목적어와 목적격 보어를 취하는 동사 ●
>
> · 5형식 문장은 '주어 + 동사 + 목적어 + 목적격 보어'의 형태를 취한다.
> · 목적격 보어로는 넓은 의미의 명사와 형용사가 쓰인다.

010 Keep your friends close, but **keep** your enemies even closer. 2011학년도 6월

011 Unfortunately, deforestation **left** the soil exposed to harsh weather.
2012학년도 수능

012 The book **made** him the most respected man of the Italian art world.
2012학년도 수능

 · Jack은 그 책이 매우 따분하다는 것을 알았기 때문에 책 읽는 것을 그만두기를 원했다.
· 멀리 내다보이는 아름다운 광경은 힘든 등산을 가치 있는 것으로 만들었다.
010 너의 친구들을 가까이 하라, 하지만 너의 적들은 더 가까이 하라.
011 유감스럽게도, 산림 벌채는 토양이 거친 날씨에 노출되게 했다.
012 그 책은 그를 이탈리아 예술계에서 가장 존경받는 인물로 만들어 주었다.

04⁻¹ S + V + O + as O·C

- My music teacher **regards** Beethoven's fifth symphony as his finest work.
- The elderly **think of** themselves as being much younger than they actually are. 2004학년도 수능

◉ 목적어 뒤에 as O·C가 쓰이는 구문 ◉

- 'regard[refer to, look upon, think of, see, view, define, describe, hail] A as B' 형태로 자주 사용되며, "A를 B로[라고] 여기다[생각하다]" 등으로 해석한다.

013 The Erie Canal, which took four years to build, **was regarded** as the height of efficiency in its day. 2011학년도 수능

014 You **see** the world as one big contest, where everyone is competing against everybody else. 2011학년도 수능

015 Gold **was looked upon** as the most perfect metal, and all other metals as imperfect. 2007학년도 6월

해석

- 나의 음악 선생님은 Beethoven의 5번 교향곡이 그의 최고의 작품이라고 여기신다.
- 노인들은 실제 그런 것보다 자신들이 훨씬 더 젊다고 생각한다.
013 Erie 운하는 건설하는 데 4년이 걸렸는데 당대에는 효율성의 극치라고 여겨졌었다.
014 너는 세상을 하나의 커다란 시합이라고 여기는데, 그곳에서는 모든 사람이 다른 모든 사람을 상대로 경쟁을 한다.
015 금은 가장 완벽한 금속으로, 그리고 모든 다른 금속들은 불완전한 것으로 여겨졌다.

cf. 타동사 + 목적어 + 전치사

동사에 따라서는 특정한 전치사와 어울려 하나의 숙어처럼 사용되는 동사들이 있다.
이런 동사들은 전치사와 함께 암기해야 한다.

① with를 동반하는 동사[수여동사로 착각하기 쉬운 3형식 동사]

    provide[supply] A with B ┄┄┄ A에게 B를 제공하다
    replace A with B ┄┄┄┄┄┄┄ A를 B로 대신하다
    endow A with B ┄┄┄┄┄┄┄ A에게 B를 부여하다
    entrust A with B ┄┄┄┄┄┄ A에게 B를 맡기다
    equip A with B ┄┄┄┄┄┄┄ A에게 B를 갖추게 하다

② of를 동반하는 동사

    deprive[rob, strip, cure, relieve,
    ease, break, clear] A of B ┄┄┄ A에게서 B를 빼앗다(제거하다)
    remind A of B ┄┄┄┄┄┄┄ A에게 B를 떠올리게 하다, A에게 B를 상기시키다
    inform A of B ┄┄┄┄┄┄┄ A에게 B를 알려주다
    accuse A of B ┄┄┄┄┄┄┄ B라는 이유로 A를 고발하다

③ from을 동반하는 동사

    prevent[keep, stop] A from B ┄ A가 B하는 것을 막다(방해하다)
    tell[distinguish] A from B ┄┄┄ A와 B를 구별하다

④ for를 동반하는 동사

    praise A for B ┄┄┄┄┄┄┄ B에 대해 A를 칭찬하다
    blame[criticize, scold] A for B ┄ B에 대해 A를 꾸짖다
    take[mistake] A for B ┄┄┄┄ A를 B라고 생각[착각]하다
    provide B for A ┄┄┄┄┄┄┄ A에게(를 위해) B를 제공하다(= supply B to A)

다음 책의 제목을 바르게 고쳐 쓰시오.

❶ _____

❷ _____

❸ _____

❹ _____

B

네모 안에서 어법에 맞는 표현을 고르시오.
밑줄 친 표현이 어법에 맞는지를 판단하고 필요하면 어법에 맞게 고치시오.

❶ Bob explained me / to me why helping others is one of the essential components of a happy life.

❷ The idea that you should be able to use words and reasons to discipline children sounds wonderful / wonderfully .

❸ On the evening of July 14, the world was waiting / awaiting anxiously for New Horizons to phone home and say it had successfully passed by Pluto.

❹ It appears that conservatives are <u>overwhelmingly</u> in favor of tax cuts.

❺ A prominent businessman fell / felled in love with an actress and decided to <u>marry her</u>.

6 The major myth about laughter that prevents us from laughing as much as we need to be / is that we must have a reason to laugh.

7 Weapons of mass destruction were not found / founded in Iraq although considerable efforts were made searching for them.

8 As children are growing up in a certain culture, they are learning what it is like / likely to be a girl or a boy in this culture.

9 Some people have tried to rise / raise spiders commercially in order to harvest the silk they produce.

10 Bob will lie / lay his fishing rod in the back of the wagon and rise / raise the back seat to set / sit the rest of his gear underneath it.

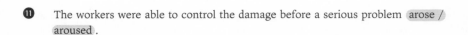

⑪ The workers were able to control the damage before a serious problem (arose / aroused).

⑫ Many language learners hate making errors. They feel (embarrassing / embarrassed) and often think they will never learn to use the language correctly. Good learners, however, are not discouraged by making errors but rather make errors (work / to work) for them.

⑬ You have to (arrive / arrive at) the airport at least an hour before the plane is scheduled to leave.

⑭ The question of the death penalty as a punishment for incorrigible criminals and as a deterrent for wicked crimes (remain / remains) controversial.

⑮ The farmer (sowed / sewed) seeds and reaped what he (sowed / sewed).

16 Right after his brother took his hands off the bike, Robert could not balance himself and fell / felled .

17 The ship is sailing to Japan is leaving tonight.

18 Destruction of the potato crop by pests has resulted famines.

19 Wilson reached for the ball, but it zipped past his outstretched glove.

20 A policeman is sitting / seating in his patrol car beside the road.

21 Bob returned the library to return the books.

㉒   The car insurance <u>cost to me</u> an arm and a leg.

㉓   We discussed <u>with them</u> the problem of liberating the slaves.

㉔   To his amazement, everything Midas touched turned / turning to gold.

㉕   A fatal crash left a woman died / dead and her husband critically injured last Sunday.

혼동하기 쉬운 동사, 방법이 없다. 외워라!

- lie - lay - lain
  lay - laid - laid
  lie - lied - lied

- rise - rose - risen
  raise - raised - raised

- find - found - found
  found - founded - founded

- hang - hung - hung
  hang - hanged - hanged

- fall - fell - fallen
  fell - felled - felled

- sow - sowed - sowed[sown]
  sew - sewed - sewed[sewn]
  saw - sawed - sawed[sawn]

* 위의 동사를 사전에서 직접 찾아 뜻을 적어 보세요.

❶ The Goose that <u>Laid</u> the Golden Egg

풀이   목적어 the golden egg가 있고, The goose는 단수이므로, '(알을) 낳다'의 의미가 있는 타동사 lay의 3인칭·단수형 lays 또는 과거형 laid로 써야 한다.

❷ THE SUN ALSO <u>RISES</u>

풀이   태양이 '떠오르는' 것이므로 자동사 rises를 써야 한다. raise는 타동사로 '기르다'의 의미이다.

❸ GANDHI: THE YOUNG PROTESTER WHO <u>FOUNDED</u> A NATION

풀이   '설립하다, 세우다'의 의미가 있는 found의 과거형 founded를 써야 한다.

❹ I WONDER Who <u>Hung</u> the Moon in the Sky

풀이   '매달다'의 과거형 hung을 써야 한다. hanged는 '교수형에 처하다'의 의미이다.

1 to me	8 like	15 sowed, sowed	20 sitting	
2 wonderful	9 raise	16 fell	21 returned to	
3 waiting	10 lay, raise, set	17 sailing	the library	
4 OK	11 arose	(또는 that sails)	22 cost me	
5 fell/OK	12 embarrassed, work	18 has resulted in	23 OK	
6 is	13 arrive at	famines	24 turned	
7 found	14 remains	19 OK	25 dead	

① to me

해석 Bob은 나에게 왜 다른 사람들을 돕는 것이 행복한 인생의 필수적인 요소들 중 하나인지를 설명했다.

풀이 explain은 4형식으로 쓰지 않고 3형식으로 쓰는 동사이다. 따라서 'explain + 목적어 + to 사람' 또는 'explain + (to 사람) + 목적어'의 형식으로 써야 한다.

② wonderful

해석 아이들을 훈육하기 위해서 당신이 말과 이성을 사용할 수 있어야 한다는 생각은 멋지게 들린다.

풀이 sound는 2형식 동사(연결동사)로 형용사 보어를 취한다.

③ waiting

해석 7월 14일 저녁에 세계는 뉴호라이즌호가 명왕성을 성공적으로 지났다고 지구로 연락하기를 초조하게 기다리고 있었다.

풀이 wait는 자동사로 목적어를 취하기 위해서는 전치사 for가 필요하다. await는 타동사로 바로 목적어를 써야 한다.

④ OK

해석 보수주의자들은 압도적으로 세금 감면에 찬성하는 것으로 보인다.

풀이 are의 보어는 형용사구 in favor of ~이며, 부사 overwhelmingly는 형용사구를 수식한다.

⑤ fell/OK

해석 한 저명한 사업가가 여배우와 사랑에 빠졌고 그녀와 결혼하기로 결심했다.

풀이 fall(떨어지다) - fell - fallen, fell(나무를 베다) - felled - felled
marry는 타동사로 그 뒤에 바로 목적어가 온다.

⑥ is

해석 우리가 웃을 필요가 있는 것만큼 웃지 못하게 하는 웃음에 관한 주된 잘못된 생각은 우리가 웃을 이유를 가져야만 한다는 것이다.

풀이 주어가 The major myth이므로 동사 is가 필요하다.

⑦ found

해석 대량살상무기를 찾으려는 상당한 노력에도 불구하고 그것들은 이라크에서 발견되지 않았다.

풀이 find(찾다, 발견하다) - found - found, found(설립하다, 세우다) - founded - founded

8 like

해석 아이들이 특정 문화에서 사람에 따라 그들은 이 문화에서 여자가 된다는 것 또는 남자가 된다는 것이 어떤 것인지를 배우게 된다.

풀이 it은 가주어 to be 이하는 진주어가 된다. 의문대명사 what이 쓰였으므로 목적어를 취할 수 있는 전치사 like를 써야 한다.

9 raise

해석 일부 사람들은 거미가 만들어내는 실을 수확하기 위해서 거미를 상업적으로 기르는 것을 시도해왔다.

풀이 목적어 spiders가 있으므로 타동사 raise를 써야 한다.

10 lay, raise, set

해석 Bob은 그의 낚싯대를 마차의 뒤에 놓을 것이고 그의 나머지 장비를 밑에 두기 위해서 뒷자리를 들어 올릴 것이다.

풀이 목적어 his fishing rod가 있으므로 타동사 lay를 써야 한다. lay(놓다) - laid - laid, lie(눕다) - lay - lain

목적어 the back seat이 있으므로 타동사 raise를 써야 한다. raise(들어 올리다) - raised - raised, rise(오르다) - rose - risen

목적어 the rest of his gear가 있으므로 타동사 set을 써야 한다. set(두다, 놓다) - set - set, sit(앉다) - sat - sat

11 arose

해석 그 노동자들은 심각한 문제가 발생하기 전에 그 피해를 통제할 수 있었다.

풀이 문제가 '발생하는' 것이므로 자동사를 써야 한다. arise(발생하다) - arose - arisen, arouse(자극하다) - aroused - aroused

12 embarrassed, work

해석 많은 언어 학습자들은 실수를 저지르는 것을 싫어한다. 그들은 당황스러움을 느끼고 종종 그 언어를 바르게 사용하는 것을 절대로 배우지 못할 것이라고 생각한다. 그러나 훌륭한 학습자들은 실수를 저지르는 것에 낙심하지 않으며 실수가 그들에게 도움이 되도록 만든다.

풀이 주어가 당황스러운 상태가 되는 것이므로 과거분사 embarrassed를 써야 한다. make는 사역동사로 쓰였으므로 목적어 뒤에 동사원형을 써야 한다.

13 arrive at

해석 당신은 비행기가 출발하기로 예정된 것보다 적어도 1시간 전에는 공항에 도착해야 한다.

풀이 arrive는 자동사로 그 뒤에 목적어가 오기 위해서는 전치사가 필요하다.

14 remains

해석 교정할 수 없는 범죄자들에 대한 처벌과 사악한 범죄의 억제책으로써의 사형 형벌에 관한 문제는 논쟁의 여지가 있다.

풀이 주어가 The question(3인칭 단수·현재)이므로 동사는 remains가 되어야 한다.

⑮ sowed, sowed

....

해석 그 농부는 씨앗을 뿌렸고 그가 뿌린 것을 수확했다.

풀이 sow(씨를 뿌리다) - sowed - sowed/ sown, sew(꿰매다) - sewed - sewed/ sewn

⑯ fell

....

해석 그의 형이 자전거에서 손을 뗀 직후에 Robert는 균형을 잡을 수 없었고 넘어졌다.

풀이 fall(넘어지다) - fell - fallen, fell(나무를 베다) - felled - felled

⑰ sailing (또는 that sails)

....

해석 일본으로 출항하는 배는 오늘밤에 출발한다.

풀이 The ship을 수식하는 형용사가 필요하므로 현재분사 sailing을 써야 한다.

⑱ has resulted in famines

....

해석 해충으로 감자 수확이 망쳐져서 기근을 초래했다.

풀이 result는 자동사로 그 뒤에 목적어가 오기 위해서는 전치사가 필요하다.
 result in: 결국 -가 되다, result from: -에서 유래하다

⑲ OK

....

해석 Wilson은 공을 잡으려고 팔을 뻗었지만, 공은 쭉 뻗은 글러브를 쏜살같이 빠져나갔다.

풀이 reach가 '도착하다'의 의미로 쓰일 때는 타동사로 쓰여 바로 목적어가 와야 하지만, '(물건을 잡으려고) 손을 뻗다'의 의미로 쓰일 때는 자동사로 쓰여 그 뒤에 전치사 for를 써야 한다.

⑳ sitting

....

해석 한 경찰관이 도로 옆 순찰차에 앉아있다.

풀이 sit은 자동사이며 seat은 타동사로 "A policeman is seated."처럼 써야 한다.

㉑ returned to the library

....

해석 Bob은 그 책들을 반납하기 위해서 도서관으로 되돌아갔다.

풀이 return이 타동사로 쓰일 때는 '반납하다'의 의미가 되고, 자동사로 쓰일 때는 '돌아가다'의 의미이다. 도서관으로 돌아간 것이므로 returned 뒤에 전치사 to를 써야 한다.

㉒ cost me

....

해석 자동차 보험은 내게 많은 돈이 들었다.

풀이 cost는 두 개의 목적어를 취하는 동사로
'cost + 사람 + 비용'은 '사람에게 -의 비
용이 들다'의 의미를 나타낸다.

㉓ OK

....

해석 우리는 노예를 해방시키는 문제를 그들과
함께 토론했다.

풀이 discuss가 타동사로 쓰여 그 뒤에 목적어
가 올 때는 목적어 앞에 전치사를 쓸 수 없
다. discussed의 목적어는 the problem
of liberating the slaves이며 with them
은 부사구로 타동사와 목적어 사이에 삽
입된 것이다.

㉔ turned

....

해석 그가 놀랍게도, Midas가 만진 모든 것이
황금으로 변했다.

풀이 everything이 주어이며, Midas touched
는 형용사절로 everything을 수식한다.
문장의 동사가 필요하므로 과거 동사
turned를 써야 한다.

㉕ dead

....

해석 지난 일요일에 치명적인 충돌사고로 한 여
자가 사망했고 그녀의 남편은 심각하게 부
상당했다.

풀이 목적격 보어로 형용사가 필요하므로 dead
를 써야 한다.

CHAPTER II 긴 ∿∿ 꼬리 주어를 찾아라

05 S + M(전치사 + 명사(구)) + V

· One difference between winners and losers **is** how they handle losing.
2015 학년도 수능

· Most of the systems in animal and human physiology **are** controlled by homeostasis. 2012 학년도 수능

● 전치사 + 명사(구) 꼬리가 달린 주어 ●

· "전치사 + 명사(구)"는 형용사구가 되어 앞에 나오는 명사를 수식한다.
  명사의 범위를 좁혀준다.
· 동사 앞까지를 "주부"라고 하며, 동사를 포함한 나머지 부분을 "술부"라고 부른다.
· 동사의 수는 당연히 주어와 일치시켜야 하며, 주어와 동사 사이에 오는 수식어구를 주어로 착각하지 말아야 한다.

---

016 The number of hunting accidents **has increased** sharply this year. 2002학년도 수능

017 The barrier at the River Scheldt in the Netherlands **is** the world's largest tidal surge barrier. 2010학년도 9월

018 One of the little understood paradoxes in communication **is** that the more difficult the word, the shorter the explanation. 2011학년도 수능

  · 승자와 패자의 한 가지 차이는 그들이 패배를 다루는 방식이다.
· 동물과 인간 생리 시스템의 대부분은 항상성에 의해 통제된다.
016 사냥 사고의 수가 올해 급격히 증가했다.
017 네덜란드의 Scheldt강에 있는 관문은 세계 최대의 해수를 막는 관문이다.
018 의사 전달에서 거의 이해되지 않는 역설 중 하나는 단어가 어려울수록 설명이 짧다는 것이다.

06 S + M(형용사(구)) + V

· A life full of laughter is all that I'm after.
· Those ignorant of history are doomed to repeat it.

> ● 형용사(구) 꼬리가 달린 주어 ●
>
> · 형용사구가 명사 뒤에서 명사를 수식하는 경우는 그 앞에 "주격 관계대명사 + be 동사"가 생략된 것으로 볼 수 있다.

019 Those students willing to take on more rigorous work get higher grades.

020 Some musicians popular among kids are notorious for using extremely foul and violent language.

021 In recent years, many humanoid robots capable of performing complex and humanlike whole-body motion have been developed.

해석	· 웃음으로 가득한 삶은 내가 추구하는 전부이다.
	· 역사를 모르는 사람들은 그것을 반복할 운명에 처해진다.
	019 좀 더 힘든 일을 기꺼이 하려는 학생들은 더 높은 점수를 받는다.
	020 아이들 사이에서 인기가 있는 일부 음악가들은 매우 저속하고 폭력적인 언어를 사용하는 것으로 악명 높다.
	021 최근에 복잡하고 인간과 같은 전신의 움직임을 수행하는 많은 인간형 로봇들이 개발되어왔다.

S + M(현재분사 ~) + V

· The buttonlike structure sitting right in the middle of the flower **is** actually formed from many tiny flowers called disk flowers. 2009학년도 9월

· A bumper sticker reading "Don't Believe Everything You Think" **is** placed on the edge of the whiteboard in Greene's office. 2012학년도 9월

◉ 현재분사 꼬리가 달린 주어 ◉

· 현재분사는 넓은 의미의 형용사이며 능동과 진행의 의미를 나타낸다.
· 현재분사가 이끄는 어구가 명사 뒤에서 명사를 수식하는 경우는 그 앞에 "주격 관계대명사 + be 동사"가 생략된 것으로 볼 수 있다.

---

022 Children playing at the playground after school **should be** accompanied by an adult.

023 A football-sized object sitting right in the middle of the road **caused** damage to several cars.

024 Many innocent children using the Internet without supervision **can** easily **become** victims of website operators with criminal intentions. 2009학년도 9월

 · 꽃의 정중앙에 자리 잡고 있는 단추처럼 생긴 구조는 실제로는 중심화라고 불리는 많은 작은 꽃들로 이루어져 있다.
· "당신이 생각하는 모든 것을 다 믿지는 마시오"라고 적힌 범퍼 스티커가 Greene씨 사무실의 화이트보드 가장자리에 붙어있다.
022 방과 후에 운동장에서 노는 아이들은 어른이 동반해야 한다.
023 도로의 한가운데에 있는 축구공 크기의 물건은 몇몇 차량들에게 피해를 야기했다.
024 (어른의) 감독 없이 인터넷을 이용하는 많은 순진한 어린이들은 손쉽게 범죄의 의도를 가진 홈페이지 운영자들의 희생자가 될 수 있다.

S + M(과거분사 ~) + V

· A water plant called the sacred lotus **regulates** its temperature in order to benefit insects that it needs to reproduce. 2009학년도 수능

· The most common mistake made by amateur photographers **is** that they are not physically close enough to their subjects. 2006학년도 수능

> **◉ 과거분사 꼬리가 달린 주어 ◉**
>
> · 과거분사는 넓은 의미의 형용사이며 수동이나 완료의 의미를 나타낸다.
> · 과거분사가 이끄는 어구가 명사 뒤에서 명사를 수식하는 경우는 대개 그 앞에 "주격 관계대명사 + be 동사"가 생략된 것으로 볼 수 있다.

025 Around 350 B.C. there **lived** in Greece a very famous painter named Apelles.
2011학년도 수능

026 The densely structured wood **is** resistant to invasion by insects and other potential pests. 2011학년도 수능

027 In America a numerical system based on a scale of 1 to 70 **has been introduced**, in which 1 is the lowest grade possible and 70 is perfect.
2008학년도 수능

 · 연꽃이라고 불리는 수생 식물은 그것이 번식하기 위해서 필요로 하는 곤충들을 이롭게 하기 위해서 그 온도를 조절한다.
· 아마추어 사진사들에 의해서 저질러지는 가장 흔한 실수는 그들이 피사체에 물리적으로 충분히 가까이 가지 않는다는 것이다.
025 기원전 350년 경, 그리스에 Apelles라는 아주 유명한 화가가 살았다.
026 조밀한 조직을 갖춘 나무는 곤충들이나 다른 잠재적인 해충들의 공격에 내성이 있다.
027 미국에서 1에서 70까지의 등급에 기초한 숫자로 나타내는 시스템이 도입되었는데, 여기에서 1은 가능한 가장 낮은 등급이고 70은 완벽한 것이다.

S + [to 부정사구] + V

- Our plan to go hiking in the woods **was** spoiled by the bad weather.
- Here **are** some tips to consider when choosing a dog that is right for you.
  2011년 9월 평가원

◉ to 부정사구 꼬리가 달린 주어 ◉

- to 부정사구가 명사(구)를 수식할 수 있으며, 이를 "to 부정사의 형용사적 용법"이라고 부른다.

---

028 The most effective way to safeguard Internet users at a public library **is** through blocking programs.

029 Your resolve to secure a sufficiency of food for yourself and your family **will induce** you to spend weary days in tilling the ground and tending livestock.
2011학년도 수능

030 The ability to sympathize with others **reflects** the multiple nature of the human being, his potentialities for many more selves and kinds of experience than any one being could express. 2008학년도 수능

 해석

- 숲으로 하이킹을 가려는 우리의 계획은 기상 악화로 엉망이 되었다.
- 여기에 너에게 알맞은 강아지를 고를 때 고려해야 할 몇 가지 조언들이 있다.
028 공공 도서관에서 인터넷 사용자들은 보호하는 가장 효과적인 방법은 차단 프로그램을 통해서이다.
029 당신 자신이나 가족을 위해 충분한 음식을 확보하려는 당신의 결심은 당신으로 하여금 땅을 갈고 가축을 돌보는데 지치게 하는 날들을 보내도록 유인한다.
030 타인과 공감할 수 있는 능력은 인간의 다양한 본성, 즉 어느 한 인간이 표현할 수 있는 것보다 훨씬 더 많은 여러 인간상과 각종 경험에 대한 잠재력을 반영한다.

10 S + [관계사절] + V

· The people who are most different from us probably **have** the most to teach us.
2012학년도 수능

· A bat that fails to feed for two nights **is** likely to die. 2011학년도 수능

◉ 관계사절 꼬리가 달린 주어 ◉

· 관계대명사절은 형용사절로 선행사(명사구)의 범위를 좁혀주는 역할을 한다.
· 관계대명사는 언제나 격(주격, 소유격, 목적격)이 있다.
· 목적격 관계대명사와 "주격 관계대명사 + be 동사"는 생략할 수 있다. 단, 관계대명사가 전치사의 목적어이고, 그 전치사가 관계대명사 앞에 올 경우에는 생략할 수 없다.
· 명사(구) 뒤에 (대)명사가 바로 이어지는 문장을 만나면, 목적격 관계대명사가 생략된 것인지 잘 따져보자.

---

031 Most of the decisions (that) people make **are** based on what they feel will be the best solution. 2003학년도 수능

032 Overall, there **are** only two continents whose percentage of forest loss is greater than five percent. 2011학년도 6월

033 One 35-year-old woman who used to rub her eyes with her hands until they became sore and infected **found** it helpful to put on make-up when she was tempted to rub. 2010학년도 수능

해석
· 우리와 가장 다른 사람들이 아마도 우리에게 가르칠 것이 가장 많을 것이다.
· 이틀 밤 동안 먹이를 먹지 못하는 박쥐는 죽을 것이다.
031 사람들이 내리는 결정들 중 대부분은 그들이 최상의 해법이라고 느끼는 것에 기초를 두고 있다.
032 전체적으로, 산림 손실의 비율이 5% 이상인 대륙은 2개 뿐이다.
033 자신의 눈을 쓰라리고 종종 감염이 될 때까지 손으로 비비곤 했던 35세의 한 여성은 비비고 싶은 충동이 생길 때 화장을 하는 것이 도움이 된다는 것을 발견했다.

11 S = 동격어구 + V

· The scientific evidence that eating fish is vital to children's health and intelligence **contributes** to the development of the fishery.

· Cricket, a bat-and-ball game involving two teams of eleven players, **evolved** at the beginning of the 18th century in London. 2010년 3월

◉ 동격어구 꼬리가 달린 주어 ◉

· that이 그 앞의 명사와 동격임을 나타내는 동격절을 이끌 수 있다. 주로, 명사

fact 사실	proof 증거	answer 대답	information 정보
idea 생각	notion 신념	proposal 제안	
belief 믿음	theory 이론	suggestion 제안	
news 소식	possibility 가능성	hope 희망	등이 사용된다.

· 동격절을 이끄는 that은 격이 없다는 점에서 관계대명사와 구별된다.
· 주어와 동사 사이에 동격어구가 삽입되는 경우도 있다.

---

034 Richard Porson, one of Britain's most notable classical scholars, was born on Christmas in 1759. 2016학년도 9월

035 The idea that all Asian students are smart **can be** a pain to those who are not. 2000학년도 수능

036 In 1850, the first department store, a shop which sells many different items under one roof, **opened** in Paris. 2009학년도 9월

 해석 · 생선을 먹는 것이 아이들의 건강과 지능에 중요하다는 과학적 증거는 어업의 발전에 기여한다.
· 11명으로 된 두 개의 팀으로 하는 배트와 공을 이용한 게임인 크리켓은 런던에서 18세기 초반에 발전했다.
034 영국의 가장 유명한 고전학자들 중 한 명인 Richard Porson은 1759년 크리스마스에 태어났다.
035 모든 아시아 학생들이 똑똑하다는 생각은 그렇지 않은 학생들에게는 고통이 될 수 있다.
036 1850년에 한 지붕 밑에서 많은 다른 상품들을 판매하는 최초의 백화점이 파리에서 개장했다.

12 To 부정사구 + V

· To be courageous under all circumstances **requires** strong determination.
2011학년도 수능

· It **was** his practice to conceal himself at previews of his paintings in order to hear the public's opinions of his masterpieces. 2011학년도 수능

● To 부정사구 주어 ●

· to 부정사가 이끄는 어구가 문장의 주어로 쓰일 수 있으며, 단수 취급한다.
· 대개는 가주어 It을 쓰고 to 부정사구는 문장의 뒤로 보낸다.
· to 부정사는 동사의 성질도 가지고 있다.

---

037 It **is** not easy to show moral courage in the face of either indifference or opposition. 2011학년도 수능

038 It **is** not easy to learn to fit into a group or to develop a personality that helps us to fit in. 2001학년도 수능

039 To give up pretensions **is** as blessed a relief as to get them gratified.
2011학년도 9월

 해석

· 모든 상황에서 용기가 있게 된다는 것은 강한 결단을 요구한다.
· 자신의 걸작에 대한 대중의 의견을 듣기 위해서 그림 시연회장에서 숨어 있는 것은 그의 습관이었다.
037 무관심과 반대에 직면하여 도덕적 용기를 보이는 것은 쉽지 않다.
038 한 집단에 적응하게 되거나 적응하도록 도와주는 성격을 계발하는 것은 쉽지 않다.
039 '기대(pretensions)'를 포기하는 것은 그것을 충족시키는 것만큼이나 축복된 위안이다.

13 동명사구 + V

· Forgetting people's names often **means** we do not really care about them.
2001학년도 수능

· Sitting at computer desks for hours **can** also **cause** damage to our backs.
2000학년도 수능

● 동명사구 주어 ●

· 동명사구가 문장의 주어로 사용될 수 있으며, 단수 취급한다.
· 동명사는 동사의 성질도 가지고 있다.

---

040 Comparing yourself with others **is** natural and can be motivational.
2010년 9월 평가원

041 Taking a bath in water whose temperature ranges between 35℃ and 36℃ **helps**
calm you down when you are feeling nervous. 2001학년도 수능

042 Offering incentives, such as a group bonus or a vacation trip, to a team as a
whole **is** not a smart managerial move because it fails to acknowledge who an
individual is. 2010년 6월 평가원

· 사람들의 이름을 잊는 것은 종종 우리가 그들에 대해서 진정으로 관심이 없다는 것을 의미한다.
· 몇 시간동안 컴퓨터 책상 앞에 앉는 것은 또한 우리의 등에 피해를 야기할 수 있다.
040 다른 사람들과 당신 자신을 비교하는 것은 자연스럽고 동기를 유발할 수 있다.
041 온도가 35℃에서 36℃에 이르는 물에서 목욕을 하는 것은 당신을 차분하게 하는 것을 돕는다.
042 전체적으로 팀에게 단체 보너스나 휴가 여행과 같은 유인책을 제공하는 것은 개인이 누구인지를 인정하지 않
기 때문에 현명한 관리 조치는 아니다.

14 [접속사 S'+ V'~] + V

· That he was once a professional skier **is** not well known.
  = It is not well known that he was once a professional skier.

· Whether it rained or snowed **did not matter**. 2001학년도 수능
  = It **did not matter** whether it rained or snowed.

● 명사절(that절, whether절) 주어 ●

· 명사절인 that절, whether절은 문장에서 주어로 쓰일 수 있다. 가주어 It을 쓰고
  명사절을 문장의 뒤로 보낼 수 있다.
· 명사절이 주어로 쓰일 경우, 단수 취급한다.

---

043 That she can endure such an insult **is** surprising.

044 Whether he shot himself or was murdered **is** unclear.

045 It **was found** that the more sociable a person was, the less subject he was to contagion. 2009학년도 6월

· 그가 한때 직업 스키선수였다는 것은 잘 알려져 있지 않다.
· 비가 오든지 눈이 오든지 하는 것은 중요하지 않았다.
043 그녀가 그러한 모욕을 견딜 수 있다는 것이 놀랍다.
044 그가 자살을 했는지 아니면 살해당했는지는 분명하지 않다.
045 사람이 더 사교적이면 사교적일수록 감염에 덜 영향을 받는다는 것이 밝혀졌다.

15 [의문사 + S' + V'~] + V

- Who shot first **is** a mystery, but Vice's bullet wounded Lafata in the shoulder.
- In this case, when he was murdered **is** more important than where he was murdered.

> ◉ 의문사절 주어 ◉
>
> - 의문사절(또는 간접의문문)은 명사절로 문장의 주어(목적어, 보어)로 쓰일 수 있다.
> - 의문사가 접속사의 역할을 하는 것이므로 그 뒤에는 "주어 + 동사"가 이어진다.
> - 의문사가 주어로 쓰인 경우에는 당연히 "의문사 + 동사"의 어순이 된다.
> - 의문사: When, Where, Who(m), What, Why, How, Whose, Which

046 How much one can earn **is** important, of course, but there are other equally important considerations. 2005학년도 수능

047 Who (we believe) we are **is** a result of the choices we make about who we want to be like. 2010학년도 9월

048 When and where he was born **is** a matter of dispute among historians.

 해석
- 누가 먼저 쐈는지는 알 수 없지만 Vice의 총알은 Lafata의 어깨에 부상을 입혔다.
- 이러한 사건에서 그가 언제 살해되었는지는 어디에서 살해 되었는지 보다 더 중요하다.
046 사람이 얼마나 많이 버는지는 물론 중요하지만 다른 마찬가지로 중요한 고려사항들이 있다.
047 우리가 믿는 우리가 누구인가 하는 것은 우리가 어떤 사람이 되고 싶은지에 관해서 우리가 내리는 선택들의 결과이다.
048 언제, 어디에서 그가 태어났는가 하는 것은 역사가들 사이에서 논란이 있는 문제다.

16 [What + (S') + V'~)] + V

· What is considered a status symbol **will differ** among countries.
  2008학년도 수능

· What we understand to be normal **is** critical in determining our chances of happiness. 2011학년도 9월

● What절 주어 ●

· What절은 문장에서 주어(목적어, 보어)로 쓰일 수 있다.
· What은 정확하게는 관계대명사절을 끌어안은 명사(구)이다. What은 격이 있다.
  의문대명사 What절과 그 쓰임이 매우 유사하다.

---

049 What disturbs me **is** the idea that good behavior must be reinforced with incentives. 2011학년도 수능

050 What we call ice cream today **was created** in the early seventeenth century by a French chef. 2008학년도 6월

051 What mattered **was** one's identity at birth, rather than anything one might achieve in one's lifetime through the exercise of one's abilities. 2009학년도 6월

 해석

· 지위 상징으로 여겨지는 것은 국가들마다 다를 것이다.
· 우리가 정상이라고 이해하는 것은 우리의 행복 가능성을 결정하는 데 있어서 중요하다.
049 나를 언짢게 하는 것은 선한 행동이 유인책으로 강화되어져야 한다는 생각이다.
050 우리가 오늘날 아이스크림이라고 부르는 것은 프랑스의 요리사에 의해서 17세기 초반에 만들어졌다.
051 중요한 것은 자신의 능력을 발휘해서 일생 동안 성취할 수 있는 어떤 일보다는 태어날 때의 신분이었다.

17 가주어 it

· It soon **became** evident that their knowledge was limited and of no practical value. 2010학년도 9월

· There were times when it **was** important to be alone, to have time to think. 2008학년도 수능

◉ 가주어-진주어 구문 ◉

· 주어가 길 때, 가주어 It을 쓰고 진주어를 문장의 맨 뒤로 보낸다. (12, 14 참조)

It seems (that) S + V	··················	-인 것처럼 보이다.
It appears (that) S + V	················	-인 것처럼 보이다.
It looks like S + V	·················	-인 것 같다.
It turns out (that) S + V	··············	-인 것으로 판명되다.
It happens (that) S + V	··············	우연히 -하게 되다.

---

052 It **seems** that the worlds of contemporary art and music have failed to offer people works that reflect human achievements. 2003학년도 수능

053 It **is** necessary (for us) to establish better educational programs for teaching the Korean language to foreign workers. 2001학년도 수능

054 It **is** safe to say that without your contributions over the years, we would not be as successful as we have been. 2005학년도 수능

 · 그들의 지식이 제한되고 실질적인 가치가 없다는 것이 곧 명백해졌다.

· 홀로 있는 것, 생각할 시간을 갖는 것이 중요한 때들이 있었다.

052 현대 미술계와 음악계가 인간의 성취를 반영하는 작품을 제공하는 데에 실패한 것으로 보인다.

053 외국인 노동자들에게 한국어를 가르치기 위한 더 나은 교육 프로그램을 만드는 것이 필요하다.

054 수 년 간에 걸친 당신의 기여가 없었다면 우리가 지금과 같은 성공을 거두지는 못했을 것이라는 것을 말씀드리는 것은 과언이 아닙니다.

S, 관계사절, + V ~

- Guillaume de Machaut, who was famous as both a musician and a poet, **was born** in the French province of Champagne. 2012학년도 6월
- My son, Snapshot, whose dream is to be the best photographer, **takes** me to beautiful places. 2005학년도 수능

> ● **주어의 부연 설명(관계사의 비제한적 용법) 구문** ●
>
> · 선행사 뒤에 콤마(,)를 찍고 관계사가 이어지면, 선행사의 내용을 부연 설명해 주는 역할을 한다.
> · 관계대명사 that은 비제한적 용법으로 쓰이지 않는다.

055 Kate and Joan, who had not seen each other for three months, **were** chatting happily in Joan's apartment. 2011학년도 수능

056 Peter Thompson, with whom I have a close working relationship, **mentioned** your name to me and strongly suggested I contact you. 2000학년도 수능

057 Edwin Armstrong, who first discovered and developed FM radio in the 1920s and early 1930s, **is** often considered the most prolific and influential inventor in radio history. 2012학년도 9월

해석
· 음악가와 시인으로 유명했던 Guillaume de Machaut는 프랑스의 Champagne 지방에서 출생했다.
· 꿈이 최고의 사진사가 되는 것인 내 아들 Snapshot은 나를 아름다운 장소로 데려다 준다.
055 Kate와 Joan은 3개월 동안이나 서로 보지 못했는데, Joan의 아파트에서 즐겁게 이야기를 나누고 있었다.
056 직장에서 친밀한 관계를 유지하고 있는 Peter Thompson이 당신의 이름을 제게 언급했고 내가 당신에게 연락할 것을 강력하게 권고했습니다.
057 1920년대와 1930년대 초에 FM 라디오를 처음으로 발견하고 개발했던 Edwin Armstrong은 라디오 역사에서 가장 많은 발명을 한 영향력 있는 발명가로 종종 여겨진다.

19 Nobody, etc. + V ~

· <u>No one</u> is obligated to change just to meet our expectations of how we feel they should act. 2006학년도 수능

· <u>None</u> was greater, and none more perfect than Willie Mays. 2005학년도 수능

> **● 부정 주어 구문 ●**
>
> · 주어 자리에 Anybody ~ not 으로 쓰지 않으며, 부정 주어를 쓴다.
> · 준동사를 부정할 때는 부정어구를 준동사 앞에 쓴다.

058 <u>No one</u> **can deny** that public library Internet access is of great use. 2009학년도 9월

059 <u>None</u> of these explanations **proved** to be correct. 2016학년도 9월

060 In my hometown, <u>nobody</u> **would buy** a melon without feeling it and smelling it; and <u>nobody</u> **would dream** of buying a chicken without knowing which farm it came from and what it ate. 2008학년도 수능

· 우리가 느끼기에 그들이 어떻게 행동해야 하는지에 대한 우리의 기대를 충족시키기 위해서 변화할 의무가 있는 사람은 아무도 없다.
· 어느 누구도 Willie Mays보다 더 위대하고 더 완벽하지는 않았다.
058 누구도 공공 도서관의 인터넷 접속이 굉장히 유용하다는 것을 부인할 수 없다.
059 이들 설명들 중 어떤 것도 올바른 것으로 판명되지 않았다.
060 우리 마을에서는 어느 누구도 만져보고 향을 맡아보지 않고서는 멜론을 사지 않았으며, 닭이 어떤 농장에서 왔고 어떤 먹이를 먹었는지를 모른 채 닭을 사는 것을 어느 누구도 상상하지 않았다.

20 무생물 S + V ~

· Last week **saw** the inauguration of a new President of the United States.

· Fear of being arrested **made** him run away from the scene.

● 사물 주어 구문 ●

· 원칙적으로 주어 자리에는 생명체가 와야 하지만 영어에서는 무생물이 주어 자리에 오는 경우가 많다. 번역은 부사구처럼 하는 것이 자연스러우나 빠른 독해를 위해서는 직독직해 하는 것이 좋다.

061 One day, my father's job **forced** us to move to a new neighborhood. 2012학년도 6월

062 The nineteenth century **saw** a change of attitude which led to a separation in people's minds of the scientific and the artistic. 2006학년도 9월

063 Ten minutes' walk **brought** him to a large brick house, the outward appearance of which indicated it as the residence of cultured people.

 해석

· 지난주에 새 미국 대통령의 취임식이 있었다.
· 체포당할 것이라는 두려움 때문에 그는 현장에서 도망쳤다.
061 어느 날, 우리는 아버지의 직업 때문에 새로운 동네로 이사를 가야만 했다.
062 과학적인 것과 예술적인 것이라는 사람들의 사고방식의 분리를 초래한 태도 변화가 19세기에 있었다.
063 10분 동안 걸은 후에 그는 커다란 벽돌집에 도달했는데, 그 외관은 교양 있는 사람들의 거주지임을 보여주었다.

21 준동사의 의미상 주어

준동사	to 부정사	동명사	분사구문
의미상 주어	· 목적격 · for + 목적격 · 문장의 주어와 같을 때는 생략	· 소유격 (목적격도 허용)	· 주절의 주어와 같다. · 다른 경우 (독립분사구문)

- The river didn't look safe enough but she didn't want **to turn** back.
  2011학년도 수능

- Jack's parents had been trying to get <u>him</u> **to read**, but he never seemed to want to. 2001학년도 수능

● 준동사의 의미상 주어 ●

· to 부정사, 동명사, 분사구문은 동사로부터 만들어졌기 때문에 동사의 성질을 유지하며, 의미상 주어가 언제나 있다. 단, 주절의 주어와 일치할 때는 생략한다.

---

064 When other people fail, you feel there's a better chance <u>for you</u> **to succeed**.
2011학년도 수능

065 Nowadays, we can enjoy athletic competition of every kind without **leaving** our homes. 2009학년도 수능

066 The value of the original results not only from its uniqueness but from <u>its</u> **being** the source from which reproductions are made. 2009학년도 수능

- 강은 충분히 안전해 보이지 않았지만 그녀는 되돌아가길 원하지 않았다.
- Jack의 부모님은 그가 독서하도록 노력해왔지만 그는 (독서를) 원하는 것처럼 보이지 않았다.
064 다른 사람들이 실패할 때, 너는 네가 성공할 더 나은 기회가 있다고 느낀다.
065 요즈음, 우리는 집밖으로 나가지 않고도 온갖 종류의 운동 시합을 즐길 수 있다.
066 원작의 가치는 그것의 독특함뿐만 아니라 복제품이 만들어 지는 그 원천이 되는 것으로부터도 나온다.

수의 일치

· 주어가 단수인지 복수인지를 따지는 것이므로 핵심명사를 파악하는 것이 중요하다.
  다만, 형식이 아니라 의미에 따라 수를 일치시키는 경향이 늘고 있다는 것도 알아두자.

B가 주어
  B with A ················· A를 가지고 있는 **B**
  B as well as A ·········· A뿐만 아니라 **B**도(= not only A but also **B**)
  A or **B** ······················ A 또는 **B**
  neither A nor **B** ········ A도 아니고 **B**도 아닌(일상체에서는 복수 취급)
  either A or **B** ············· A와 **B** 둘 중 하나

단수 동사를 쓰는 주어 ·부정대명사 ··· everything, everybody, something,
                                      anything, something, each, no one 등

  · 학문(과목)명, 국가명, 질병명, 책 제목
  · 'A and B'가 단일 개념을 나타낼 때
  · 일정한 정도나 양을 나타내는 시간, 거리, 금액
  · many a + 단수명사
  · more than one + 단수명사
  · the number of + 복수명사
  · one of + 복수명사
  · 동명사구, 부정사구, 명사절
  · 집합명사(하나의 덩어리로써의 '크기'나 '구성'을 나타낼 때)

복수 동사를 쓰는 주어 ·집합명사 ······························· audience, family, committee,
                                                            class 등, 개체가 전제가 되는 경우

  · a number of + 복수명사
  · all[more, most, some, half, ······ 명사가 '수(복수)'를 나타낼 때는
    none, part, plenty, 분수…] +   복수 동사를, '양(단수)'을 나타낼
    of + 명사   때는 단수 동사를 쓴다.
  · glasses, trousers, pants,
    trunks, jeans, shorts,
    pajamas, socks, scissors 등

네모 안에서 어법에 맞는 표현을 고르시오.
밑줄 친 표현이 어법에 맞는지를 판단하고 필요하면 어법에 맞게 고치시오.

❶ *Legends of Nine-tailed Foxes*, an animated film based on Asian legends, is / are being aired on Channel 11.

❷ The combination of a falling birth rate and an increase in life expectancy <u>are</u> likely to cause problems for governments.

❸ The three branches of the federal government is / are executive, legislative, and judicial. Each branch has specific duties, as set out in the Constitution of the United States.

❹ Eating quickly while performing other tasks prevent / prevents us from realizing how much we are eating.

❺ Another way of describing differences between people from diverse cultural backgrounds is / are comparing their communicative styles.

❻ Since the early 1990s, the number of people who (is / are) homeless (has / have) increased significantly in Mecklenburg County.

❼ The first impression given by the clothes many young people wear these days for any and all occasions (is / are) one of conformity and uniformity — as if everyone felt obliged to adopt the same style.

❽ As competition between banks increases, the ability to provide new and more flexible products and services (distinguish / distinguishes) winners from losers in the market.

❾ Creeping plants <u>covers</u> the polished silver gate and the sound of bubbling water comes from somewhere.

❿ Although the size of the job and the location differ, keeping a whole building and a single apartment clean and in good condition <u>require</u> the same kind of work.

⓫   To err or to make mistakes <u>are</u> indeed a part of being human but it seems that most people don't want to accept the responsibility for having made a mistake.

⓬   What makes organisms different from the materials that compose them <u>is</u> their level of organization.

⓭   Which of the following sentences best summarize / summarizes the most important points of the passage?

⓮   The rate of accidents for drivers using cell phones has / have increased alarmingly because many accidents occur while the driver is using a cell phone.

⓯   Erupting volcanoes <u>is</u> some of the most dramatic events in geology.

⑯ More <u>have</u> been learned about the solar system in the last thirty years than in all of our previous history.

⑰ Approximately 20 percent of the problems appearing on the exam <u>is</u> alternate-format (not multiple choice).

⑱ The mathematics of ancient times <u>were</u> predominantly arithmetic with some knowledge of geometry, which is why counting, measuring, and calculating <u>was</u> the primary concern.

⑲ <u>What</u> is widely believed that most of us suffer from low self-esteem.

⑳ Worker resistance to any industrial restructuring that involves job cuts is / are much greater in the US than in Europe.

1	is	6	are, has	11	is	16	has

1 is　　　　　6 are, has　　　　11 is　　　　16 has
2 is　　　　　7 is　　　　　　12 OK　　　　17 are
3 are　　　　 8 distinguishes　13 summarizes　18 was, were
4 prevents　 9 cover　　　　　14 has　　　　19 It
5 is　　　　　10 requires　　　15 are　　　　20 is

① is

해석 아시아의 전설을 기반으로 한 애니메이션 영화 "구미호의 전설들"은 11번 채널에서 방영되고 있다.

풀이 주어가 영화 제목 *Legends of Nine-tailed Foxes* 이므로 단수 취급한다.

② is

해석 감소하는 출생률과 기대 수명 증가의 결합은 정부에 문제들을 야기할 것 같다.

풀이 주어가 The combination(단수)이므로 동사는 is가 되어야 한다.

③ are

해석 연방정부의 세 부문은 행정부, 입법부, 그리고 사법부이다. 각 부문은 미국 헌법에 정해진 바대로 특정한 임무를 가지고 있다.

풀이 주어가 The three branches이므로 복수 동사 are를 써야 한다.

④ prevents

해석 다른 일들을 하면서 빨리 먹는 것은 우리가 얼마나 많이 먹고 있는지를 깨닫지 못하게 한다.

풀이 주어가 other tasks가 아닌 동명사구(Eating quickly)이므로 동사는 단수(prevents)를 써야 한다.

⑤ is

해석 다양한 문화적 배경에서 온 사람들 사이의 차이점들을 설명하는 또 다른 방법은 그들은 의사소통 스타일을 비교하는 것이다.

풀이 주어가 backgrounds가 아닌 Another way(단수)이므로 동사 is를 써야 한다.

⑥ are, has

해석 1990년대 초반부터 Mecklenburg County에서 집 없는 사람들의 숫자는 뚜렷하게 증가해왔다.

풀이 who의 선행사는 people이므로 동사는 are를 써야하며, 문장 전체의 주어는 the number(단수)이므로 동사는 has increased를 써야 한다.

❼ is

....

해석 요즈음 많은 젊은이들이 모든 경우에 입는 옷에서 받는 첫인상은 마치 모든 사람이 똑같은 스타일을 채택해야 할 의무감을 느끼는 것 같은 순응과 획일성이라는 인상이다.

풀이 주어가 The first impression(단수)이므로 동사는 is를 써야 한다.

❽ distinguishes

....

해석 은행들 사이의 경쟁이 증가함에 따라 새롭고 좀 더 유연한 상품과 서비스를 제공하는 능력이 시장에서 승자와 패자를 가른다.

풀이 주어가 products and services가 아닌 the ability(단수)이므로 동사는 distinguishes를 써야 한다.

❾ cover

....

해석 덩굴 식물들이 윤이 나는 은색 대문을 덮고 있고 졸졸 거리는 물소리가 어디선가 들려온다.

풀이 Creeping plants는 '덩굴 식물'로 복수 명사이다. 따라서 동사는 cover를 써야 한다. 단수 취급을 하는 동명사 주어가 아닌 것에 유의해야 한다.

❿ requires

....

해석 비록 일의 크기와 장소는 다르지만 전체 건물과 하나의 아파트를 깨끗하고 양호한 상태로 유지하는 것은 동일한 종류의 일을 필요로 한다.

풀이 주어가 동명사구(keeping -)이므로 단수 동사 requires를 써야 한다.

⓫ is

....

해석 실수를 저지르는 것은 실제로 인간이 되는 것의 일부이지만 대부분의 사람들은 실수를 저지른 것에 대한 책임을 받아들이기를 원하지 않는 것처럼 보인다.

풀이 to 부정사구(to make mistakes)가 주어로 쓰일 경우에는 단수 취급한다. 등위접속사 or로 연결될 때는 뒤에 오는 어구에 동사를 일치시켜야 한다.

⓬ OK

....

해석 유기체를 그것을 구성하는 물질과 다르게 만드는 것은 그들의 조직 수준이다.

풀이 주어가 명사절(What - them)이므로 단수 취급한다.

⓭ summarizes

....

해석 다음 문장들 중 어떤 것이 단락의 가장 중요한 요점을 가장 잘 요약하고 있는가?

풀이 주어가 의문사(Which)이며, 의미상 '가장 잘 요약한' 문장은 1개이므로 단수 취급한다.

⑭ has

해석 많은 교통사고는 운전자가 휴대전화기를 사용하는 동안에 발생하기 때문에 휴대전화기를 사용하는 운전자들의 사고율은 놀랄 만큼 증가해왔다.

풀이 주어가 The rate(단수)이므로 단수 동사 has를 써야 한다.

⑮ are

해석 분출하는 화산들은 지질학에서 가장 극적인 사건들 중 일부이다.

풀이 주어가 volcanoes(복수)이므로 동사는 are를 써야 한다.

⑯ has

해석 우리의 이전 역사 모든 기간보다 지난 30년 간 태양계에 관한 더 많은 것들이 학습되어져 왔다.

풀이 학습된 내용은 양의 개념이므로 양을 나타내는 부정대명사 More가 주어로 쓰일 때는 단수 취급한다.

⑰ are

해석 시험에 출제되는 문제들의 약 20%는 선다형이 아닌 진위형이다.

풀이 분수, 백분율 등이 주어로 사용되는 경우에는 분수 표현 뒤의 명사의 수(the problems)에 동사를 일치시켜야 한다.

따라서 동사는 복수형인 are를 써야 한다.

⑱ was, were

해석 고대 시대의 수학은 주로 약간의 기하학 지식을 가미한 산수였는데, 이는 셈, 측정, 계산이 주된 관심사였기 때문이었다.

풀이 주어가 하나의 과목을 의미하는 The mathematics(단수)이므로 동사는 단수 was가 되어야 한다. why절 이하에서 주어는 counting, measuring, and calculating(복수)이므로 동사는 복수 were가 되어야 한다.

⑲ It

해석 우리들 대부분이 낮은 자존감으로 괴로워한다고 널리 믿어지고 있다.

풀이 that절 이하가 진주어가 되므로 가주어 It을 써야 한다.

⑳ is

해석 일자리를 줄이는 것과 관련된 그 어떤 산업 재편에 대해서도 노동자들의 저항은 유럽보다 미국에서 훨씬 더 크다.

풀이 주어가 Worker resistance(단수)이므로 단수 동사 is를 써야 한다.

CHAPTER III 한없이 길어지는 목적어를 찾아라

22 S + V + O + 형용사구

· My father **took** a few not so graceful dribbles and **missed** an easy layup.
2009학년도 수능

· Those in the public eye **have** an unfortunate tendency to apologize only after
they have been found with a hand in the cookie jar. 2011학년도 9월

> ● 형용사구 꼬리가 달린 목적어 ●
>
> · 목적어(명사)를 수식할 수 있는 어구는 형용사구로 '전치사 + 명사(구)', to 부정사
> 구(to 부정사의 형용사적 용법), 현재분사구, 과거분사구 등이 있다.

067 Kate **had** something important to do on that particular Sunday. 2011학년도 수능

068 The above graph **shows** the percentage of children from birth to 5 years of age
by gender diagnosed with asthma in rural and urban areas in Canada.
2011학년도 수능

069 They **have** terrific advice about what helped them succeed. 2013학년도 수능

 해석
· 아버지는 몇 번의 그리 멋지지는 않은 드리블을 했고 평범한 레이업 슛을 놓쳤다.
· 공인들은 현장에서 들킨 후에만 사과하는 유감스러운 경향을 가지고 있다.
067 Kate는 그 특정한 일요일에 할 중요한 일이 있었다.
068 위의 그래프는 캐나다의 시골 지역과 도시 지역에서 출생부터 5세까지의 아동들 중 천식으로 진단을 받은 아이들의 남녀별 비율을 보여 준다.
069 그들은 그들의 성공을 도와준 것과 관련한 멋진 조언을 가지고 있다.

23 S + V + O + 관계사절

· He didn't finish his chemistry report which was due on Monday. 2010학년도 수능

· In general, parents feel a special kind of love for their own children that they do not feel for other children. 2001학년도 수능

◉ 관계사절 꼬리가 달린 목적어 ◉

· 관계사절이 그 앞의 목적어(선행사)를 수식하면서 목적어가 길어지기도 한다.
· 목적격 관계대명사나 "주격 관계대명사 + be 동사"는 생략이 가능하다.

---

070 A boy **entered** a coffee shop where I worked as a waitress. 2008학년도 수능

071 I **know** a father who devoted himself earnestly to photographing the birth of his first and only child. 2011학년도 수능

072 Five thousand years ago, Sumerians in the Tigris-Euphrates valley **had** a calendar that divided the year into 30 day months, and the day into 12 periods. 2012학년도 9월

· 그는 월요일까지 제출 마감인 화학 보고서를 끝내지 못했다.
· 대체로 부모들은 다른 아이들에게는 느끼지 않는 그들 자식에 대한 특별한 종류의 사랑을 느낀다.
070 한 소년이 내가 종업원으로 일하는 커피숍에 들어왔다.
071 나는 첫 아이이자 외동아이의 탄생 사진을 찍는 데 진지하게 몰두했던 한 아버지를 안다.
072 5천 년 전에 티그리스-유프라테스 계곡에 살던 수메르 사람들은 1년을 30일로 이루어진 달로 나누고 하루를 열두 기간으로 나누었던 달력을 가지고 있었다.

24. that절, if/whether절, 의문사절, what절

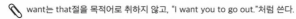 want는 that절을 목적어로 취하지 않고, "I want you to go out."처럼 쓴다.

· Joan **mentioned** that she was looking for volunteers to work in a fair she was organizing. 2011학년도 수능

· One myth **tells** how a group of gods had a meeting to decide where to hide the "truth of the universe" from people. 2006학년도 수능

◉ 명사절 목적어 ◉

· 명사절은 "접속사 + 주어 + 동사 ~" 형태로 문장에서 주어, 목적어, 보어로 쓰인다.
  that, if/whether, 의문사, 관계대명사 what 등이 접속사로 쓰인다.
· that절에는 단정적인 내용이 오고, if/whether절에는 불확실한 내용이 온다.

---

073 Do you **fear** that crime, war, or terrorist attacks will disrupt the economy and your security? 2012학년도 수능

074 I **asked** a clerk where they had books about computers. 2001학년도 수능

075 Psychologist Solomon Asch wanted to **discover** whether people's tendency to agree with their peers was stronger than their tendency toward independent thought and rational judgment. 2011학년도 수능

· Joan은 자신이 조직하고 있는 전시회에서 일할 자원봉사자를 찾고 있다는 말을 했다.
· 한 신화는 여러 신들이 '세상의 진리'를 인간들로부터 감출 곳을 정하기 위해서 어떻게 회의를 열었는지를 말해준다.
073 당신은 범죄, 전쟁, 혹은 테러범의 공격이 경제와 당신의 안전을 파괴하게 되는 것을 두려워합니까?
074 나는 점원에게 컴퓨터 관련 서적이 어디에 있는지 문의했다.
075 심리학자 Solomon Asch는 사람들이 동료들에게 동의하려는 성향이 독립적인 사고와 이성적인 판단에 대한 성향보다 더 강한지 여부를 알고 싶었다.

whether vs. if

· **공통점** 　둘 다 간접의문문(명사절)을 이끈다.

· I asked my father **if/whether** he would go down to the schoolyard and play basketball with me. 2009학년도 수능

· **차이점** 　① 주어 자리에는 whether절만 쓸 수 있다.
　　　(If절을 쓰면 조건절과 혼동될 수 있기 때문)

· **Whether** it rained or snowed did not matter. 2001학년도 수능

　② 전치사의 목적어로는 whether절만 쓸 수 있다.

· In the past, there was a big argument **about whether** the earth was the center of the universe.

　③ to 부정사 앞에는 whether만 쓴다.

· Our choice is **whether to be** good role models or bad ones. 2004학년도 수능

　④ 'or (not)'과 붙여쓸 때는 whether만 쓴다.

· Actors can choose **whether** they will appear in tragedy **or** in comedy.

· **Whether or not** the red fox is especially intelligent is an open question. 2008학년도 9월

···

단, if와 or not을 떨어뜨려서는 쓸 수 있다.

· I am not sure **if** he will come **or not**.

cf. 'Whether A or B'는 양보의 부사절을 이끌기도 한다.

· Some people tend to be late as a general rule, **whether** they are busy **or** not. 2012학년도 6월

25 S + V + 동명사(구) ~

· My wife and I have **enjoyed** <u>receiving your publication for years</u>. 2011학년도 수능

· If I were a genius, I would not **mind** <u>being treated like one</u>. 2000학년도 수능

○ 동명사구 목적어 ○

· 대부분의 동사들은 to 부정사와 동명사를 모두 목적어로 취하지만, to 부정사와 동명사 중에서 동명사만을 목적어로 취하는 동사들이 있다.

enjoy, finish, mind, admit, *stop, avoid, consider, deny, escape, imagine, miss, postpone, practice, suggest, give up, object to 등

· 동명사의 의미상 주어는 대개 소유격을 쓴다.

---

076 The employees **stopped** <u>complaining about the temperature</u> and reported they were quite comfortable. 2015학년도 수능

077 The first god **suggested** <u>putting it under the ocean</u>, but the others shouted him down. 2006학년도 수능

078 If others see how angry, hurt, or hateful you become when they tell you the truth, they will **avoid** <u>telling it to you</u> at all costs. 2009학년도 수능

· 제 아내와 저는 귀사의 간행물을 수년간 즐겁게 받아보고 있습니다.
· 만일 내가 천재라면 나는 천재로 대접받는 것을 꺼려하지 않을 것이다.
076 많은 주유소에서 종업원들이 심지어 기름을 주유하는 것을 중단했다.
077 첫 번째 신은 그것을 바다 밑에 둘 것을 제안했지만 다른 신들은 그에게 소리쳐 반대했다.
078 만일 다른 사람들이 너에게 진실을 말할 때 네가 얼마나 화를 내고, 상처받고, 증오하게 되는지를 안다면, 그들은 무슨 수를 써서라도 그것을 너에게 말하는 것을 피할 것이다.

26 S + V + to 부정사(구)

- I **decided** to give up engineering and become a pilot. 2001학년도 수능
- We can hardly **expect** to learn without making a good many mistakes in the process. 2001학년도 수능

> **● to 부정사구 목적어 ●**
>
> - 대부분의 동사들은 to 부정사와 동명사를 모두 목적어로 취하지만 to 부정사와 동명사 중에서 to 부정사만을 목적어로 취하는 동사들이 있다.
>
>   afford, agree, choose, decide, expect, fail, hope, learn, manage, plan, pretend, promise, refuse, wish 등

079 When we ran into each other at school, my sister sometimes **pretended** not to recognize me. 2012학년도 6월

080 When things are darkest, successful people **refuse** to give up because they know they're almost there. 2006학년도 수능

081 The designers **have chosen** to shift part of the burden of communication from the form and materials of the artifact itself to lightweight surface symbols. 2009학년도 수능

082 I **learned** how to play a traditional Korean musical instrument, the janggu. 2004학년도 수능

- 나는 엔지니어링을 포기하고 비행사가 되기로 결심했다.
- 우리는 그 과정에서 많은 실수를 저지르지 않고 배우는 것을 기대할 수 없다.
079 우리가 학교에서 서로 만났을 때, 내 여동생은 때때로 나를 알아보지 못하는 척 했다.
080 상황이 가장 암울할 때 성공하는 사람들은 거의 다 왔다는 것을 알기 때문에 포기하는 것을 거부한다.
081 디자이너들은 의사소통의 부담의 일부를 인공물 자체의 형태와 재료로부터 가벼운 표면 상징물로 옮기기로 마음을 먹었다.
082 나는 한국의 전통 악기인 장구를 연주하는 법을 배웠다.

27 S + V + to 부정사(구) vs. S + V + 동명사(구)

· When you photograph people, **remember** to get closer to them to exclude unwanted objects. 2006학년도 수능

· I **remember** swimming in this beautiful lake when I was a kid.

◉ to 부정사 목적어 vs. 동명사 목적어 ◉

· 다음의 동사들은 to 부정사를 목적어로 취할 때와 동명사를 목적어로 취할 때 그 의미가 달라진다.

V + to 부정사 ················· 미래 지향적 다가올 일

V + -ing ························ 과거 지향적 지나간 일

· remember, forget, regret, try, mean, go on 등

---

083 Don't **forget** to praise others when they need support. 2001학년도 수능

084 All my life, I'll **regret** not taking my teacher's advice seriously. 2002학년도 수능

085 Taking the initiative **means** recognizing our responsibility to make things happen. 2007학년도 9월

 · 네가 사람들을 사진 찍을 때, 원하지 않는 사물들을 제외하기 위해서 그들에게 가까이 다가가는 것을 기억해라.
· 나는 아이였을 때 이 아름다운 호수에서 수영하던 것을 기억한다.
083 다른 사람들이 지지를 필요로 할 때, 그들을 칭찬하는 것을 잊지 마라.
084 평생 동안, 나는 선생님의 조언을 진지하게 받아들이지 않았던 것을 후회할 것이다.
085 주도권을 잡는다는 것은 어떤 일들이 일어나도록 하는 우리의 책임을 인식하는 것을 의미한다.

28 S + V + it + O·C + 진목적어

· I don't **think** it wise to eat fruit without peeling it. 2007학년도 수능

· The lack of time for relaxation **makes** it more difficult to get the most out of your studies. 2008학년도 6월

◉ 가목적어-진목적어 구문 ◉

· 5형식 문장에서는 to 부정사구는 목적어 자리에 올 수 없으며, 반드시 가목적어 – 진목적어 구문으로 써야 한다.
· 목적어가 길 때, 가목적어 it을 쓰고 진목적어[to 부정사, that절]는 문장의 맨 뒤로 보낸다.

---

086 The Lapps **found** it more difficult to survive. 2011학년도 6월

087 We **take** it for granted that people of different ages behave differently.
2008학년도 수능

088 We **owe** it to a few writers of old times that the people in the Middle Ages could slowly free themselves from ignorance. 2006학년도 수능

· 나는 껍질을 까지 않고 과일을 먹는 것이 현명하다고 생각하지 않는다.
· 휴식 시간의 부족은 너의 학습으로부터 가장 많은 것을 얻어내는 것을 더 어렵게 만든다.
086 Lapp 부족 사람들은 생존하기가 더 어렵다는 것을 발견했다.
087 우리는 연령이 다른 사람들은 다르게 행동한다는 것을 당연한 것으로 여긴다.
088 우리는 중세 시대의 사람들이 무지로부터 자신들을 천천히 해방시킨 것을 고대 시대의 몇몇 작가들의 덕이라고 돌린다.

네모 안에서 어법에 맞는 표현을 고르시오.
밑줄 친 표현이 어법에 맞는지를 판단하고 필요하면 어법에 맞게 고치시오.

❶ I didn't mind to lose / losing the fish because I didn't plan to keep / keeping them anyway. Most of my stream fishing is catch-and-release.

❷ I stopped to eat / eating meat because of the cruelty of the meat industry.

❸ I can remember to feel / feeling very frustrated and confused sometimes in my teens.

❹ The lack of time for relaxation makes it more difficult <u>get</u> the most out of your studies.

❺ Golf became unusually popular, and kings found it / themselves so enjoyable that it was known as "the royal game."

❻ Sixty people were asked <u>if</u> they could tell any differences in taste. They had to guess (that / which) loaf contained the usual amount of salt, 10% less, or 20% less.

❼ From that time, it has been the custom to ridicule the people who act like they know (that / what) they do not with the pointed caution, "Stick to your last!"

❽ A few years ago, we purchased a brand-new camper van. Not long after we bought our camper, a friend of ours asked (if / that) her family could borrow it.

❾ Wild animals only attack hunters when the hunters mean <u>harming</u> their young ones, or when the hunters make them angry.

❿ One 35-year-old woman who used to rub her eyes with her hands until they became sore and infected found <u>herself</u> helpful to put on make-up when she was tempted to rub.

⑪ Some of the water comes from underground sources and some from rain, and it is hard to measure where / what the tree is getting it.

⑫ Health authorities recommended killing wild birds, or <u>to cut down</u> trees where wild birds roost, to discourage the spread of bird flu.

⑬ Children have the ability develop / to develop and use their own grammar rules for the language they are learning.

⑭ Mr. Jones, of the Manor Farm, had locked the henhouses for the night, but was too drunk to remember to shut / shutting the pop-holes.

⑮ Once made, plastic products last for centuries because nature does not know what / how to break down this synthetic material.

⑯ He was not able to finish his music major course in college but still he managed to become a successful musician.

⑰ When I was young, I would not sleep without my dad playing a tune on his flute.

⑱ Too many people believe that listening involves nothing more than waiting the other person to stop talking.

⑲ Whether he is powerful or not depends on (if / whether) he can network other powerful people and become the center of them.

⑳ At the zoo, Simba the lion was very sick. The animal doctor came and tried giving him some red meat full of medicine. Poor Simba did not even raise his head. Finally, Simba stopped (breathing / to breathe). The doctor said, with tears in his eyes, "I regret (to tell / telling) you that Simba is dead." The little children were very shocked to hear it. "I feel like I've lost an old friend. I can remember (to report / reporting) Simba's birth," said a reporter.

1 losing, to keep	7 what	13 to develop	18 waiting for the
2 eating	8 if	14 to shut	other person to
3 feeling	9 to harm	15 how	stop talking
4 to get	10 it	16 OK	19 whether
5 it	11 where	17 OK	20 breathing, to
6 OK, which	12 cutting down		tell, reporting

❶ losing, to keep

해석 나는 물고기들을 가질 계획이 없었기 때문에 물고기를 놓치는 것을 신경 쓰지 않았다. 나의 개울 낚시의 대부분은 잡았다가 놓아주는 것이었다.

풀이 mind는 동명사를 목적어로 취하며, plan은 to 부정사를 목적어로 취한다.

❷ eating

해석 나는 육류 산업의 잔인함 때문에 고기 먹는 것을 중단했다.

풀이 'stop + to 부정사'는 '-하기 위해서 (하던 일을) 멈추다'의 의미이며, 'stop + 동명사'는 '-하는 것을 중단하다'의 의미이다. 문맥상 "고기 먹는 것을 중단한" 것이므로 eating을 써야 한다.

❸ feeling

해석 나는 10대 때에 이따금씩 매우 좌절스럽고 혼란스러움을 느꼈던 것을 기억할 수 있다.

풀이 in my teens라는 과거 시점이 있으므로

remember 뒤에 동명사를 목적어로 취해야 한다.

❹ to get

해석 휴식시간의 부족은 너의 학습을 가장 잘 활용하는 것을 더 어렵게 만든다.

풀이 it이 가목적어이므로 진목적어로 to 부정사구를 써야 한다.

❺ it

해석 골프는 유별나게 인기가 있게 되었고 왕들은 그것이 매우 즐겁다고 생각해서 그것은 '왕실의 게임'으로 알려졌다.

풀이 문맥상 골프가 즐겁다는 것을 알게 된 것이므로 golf를 지칭하는 대명사 it이 목적어가 되어야 한다.

❻ OK, which

해석 60명의 사람들이 맛의 차이를 구별할 수 있는지를 질문 받았다. 그들은 어떤 빵 덩어리가 평상시의 소금을, 10% 적은 소금을,

또는 20% 적은 소금을 포함하고 있는지를 추측해야만 했다.

풀이 if는 명사절을 이끄는 접속사로 쓰였으며, which는 의문형용사이며 which loaf 이 하는 guess의 목적어가 된다.

❼ what
....

해석 그때부터 자신이 모르는 것을 아는 것처럼 행동하는 사람을 "네 하던 일이나 계속해라!"라는 빗댄 경고의 말로 조롱하는 것이 관습이 되었다.

풀이 what they do not 뒤에는 know가 생략된 형태이며, know의 목적어에 해당하는 관계대명사 what을 써야 한다. what they do not은 they know의 목적어이다.

❽ if
....

해석 몇 년 전에 우리는 새 캠핑카를 구입했다. 캠핑카를 구입하고 얼마 되지 않아서 우리의 한 친구가 그녀의 가족이 그것을 빌릴 수 있는지를 우리에게 물었다.

풀이 if절은 '-인지 아닌지'의 의미로 명사절을 이끌며 asked의 목적어가 된다.

❾ to harm
....

해석 야생동물들은 사냥꾼들이 그들의 새끼를 해치려고 할 때나 그들을 화나게 할 때만 공격한다.

풀이 'mean + to 부정사'는 '-하려고 하다'의

의미이며, 'mean + 동명사'는 '(필연적으로) -하는 것이 수반되다, -하게 되다, 의미하다'의 의미이다.

❿ it
....

해석 눈이 아프고 염증이 생길 때까지 손으로 눈을 비비곤 했었던 35살의 한 여성은 비비고 싶은 충동을 느낄 때 화장을 하는 것이 도움이 된다는 것을 발견했다.

풀이 found의 진목적어는 to put이하이므로 가목적어 it이 필요하다.

⓫ where
....

해석 물의 일부는 지하 수원에서 다른 일부는 빗물에서 나오며, 어디에서 나무가 물을 얻고 있는지를 판단하기는 어렵다.

풀이 네모 이하의 내용이 완전한 문장이므로 의문대명사 what은 쓸 수 없다. where절은 의문사절로 measure의 목적어이다.

⓬ cutting down
....

해석 보건 당국은 조류 독감의 확산을 막으려고 야생 조류를 죽이거나 야생 조류의 보금자리가 되는 나무들을 베어낼 것을 권고했다.

풀이 recommend의 목적어로 동명사 killing이 쓰였으며, killing과 병렬구조로 연결될 수 있는 cutting down을 써야 한다.

⑬ to develop

해석 아이들을 그들이 학습하는 언어에 대한 그들 자신의 문법 규칙을 발전시키고 사용할 능력을 가지고 있다.

풀이 to develop은 to 부정사의 형용사적 용법으로 명사구 the ability를 수식한다. have가 사역동사가 아님에 유의해야 한다.

⑭ to shut

해석 Manor 농장의 Jones씨는 밤에 닭장을 잠갔지만 술에 너무 취해서 출입구를 닫는 것을 기억하지 못했다.

풀이 'remember + to 부정사'는 '(다가올) 일을 기억하다'의 의미이며, 'remember + 동명사'는 '(지나간) 일을 기억하다'의 의미이다. 문맥상 '닭장을 잠그는 것을 기억하는 것'이므로 to부정사를 써야 한다.

⑮ how

해석 자연은 이 합성 재료를 분해할 방법을 모르기 때문에 일단 만들어지면 플라스틱 제품은 몇 세기 동안 지속된다.

풀이 break down의 목적어가 있으므로 what은 쓸 수 없으며, 'how + to 부정사구'가 명사구가 되어 know의 목적어로 쓰였다.

⑯ OK

해석 그는 대학에서 음악 전공과목을 끝마칠 수 없었지만 여전히 성공적인 음악가가 될 수 있었다.

풀이 manage는 to 부정사를 목적어로 취한다.

⑰ OK

해석 내가 어렸을 때, 나는 아빠가 플루트 연주하는 것 없이는 잠을 자지 못했다.

풀이 전치사 without의 목적어로 동명사 playing이 쓰였다. playing의 의미상 주어는 my dad이다.

⑱ waiting for the other person to stop talking

해석 너무나 많은 사람들이 듣기를 그저 다른 사람이 말하는 것을 멈추는 것을 기다리는 것이라고 믿는다.

풀이 wait는 자동사로 목적어를 취할 수 없으며, 'wait for + 사람 + to 부정사'의 형태로 써야 한다. 'stop + 동명사'는 '-하는 것을 멈추다'의 의미이다.

⑲ whether

해석 그가 강력한지는 그가 다른 강력한 사람들과 인맥을 구축해서 그들의 중심이 될 수 있는지에 달려있다.

풀이 if/whether절은 명사절을 이끌 수 있으나, whether만이 전치사의 목적어로 쓰일 수 있다.

20 breathing, to tell, reporting

··

해석 그 동물원에서 Simba라는 사자가 매우
아팠다. 수의사가 와서 그에게 약이 가
득 들어 있는 날고기를 좀 줘봤다. 가엾
은 Simba는 머리조차 들지 못했다. 마침
내 Simba는 숨을 쉬는 것을 멈췄다. 그 의
사는 눈에 눈물이 가득하여 "유감스럽지
만 Simba가 죽었다는 것을 말씀드려야겠
습니다."라고 말했다. 어린아이들은 그 소
식을 듣고 매우 충격을 받았다. "저는 오랜
친구 하나를 잃었다는 느낌이 듭니다. 제
가 Simba의 탄생을 보도했던 것이 기억납
니다."라고 한 기자가 말했다.

풀이 문맥상 '숨 쉬는 것을 멈춘 것'이므로 stop
의 목적어로 동명사를 써야 한다. 'regret
+ to 부정사'는 '유감스럽지만 –하다'의 의
미이며, 'regret + 동명사'는 '–한 것이 유
감이다'의 의미이다. 지나간 일을 기억하
는 것이므로 remember의 목적어로 동명
사를 써야 한다.

CHAPTER IV 한없이 길어지는 보어를 찾아라

S + V(연결동사) + 명사(구)

- Gregorio Dati **was** a successful <u>merchant</u> of Florence, who entered into many profitable partnerships dealing in wool, silk, and other merchandise.
  2013학년도 수능

- Among many possible activities, walking **is** <u>one</u> of the easiest ways to get some minutes of exercise after a meal. 2012학년도 수능

> ● 형용사구(절) 꼬리가 달린 명사(구) 보어 ●
>
> · 주어나 목적어로 쓰일 수 있는 명사(구)는 보어로도 쓰인다.
> · 명사(구)의 앞이나 뒤에 다양한 어구가 붙어서 길어진다.

089 Each habitat **is** <u>the home</u> of numerous species, most of which depend on that habitat. 2011학년도 수능

090 The breadfruit **is** <u>a round or oval fruit</u> that grows on the tropical islands in the Pacific Ocean. 2006학년도 수능

091 The number of unsuccessful people who come from successful parents **is** <u>proof</u> that genes have nothing to do with success. 2013학년도 수능

 · Gregorio Dati는 Florence의 성공한 상인으로, 이문이 남는 많은 협력 관계를 맺고 양털, 비단, 그리고 다른 상품 장사를 했다.
· 많은 가능한 활동 중에서 걷기가 식후에 몇 분간 운동할 수 있는 가장 손쉬운 방법 중 하나이다.
089 각각의 서식지는 많은 종들이 사는 곳인데, 대부분의 종들은 그 서식지에 의존한다.
090 빵나무 열매(breadfruit)는 태평양의 열대 섬에서 자라는 둥글거나 타원형의 과일이다.
091 성공한 부모로부터 태어나는 성공하지 못한 사람들의 숫자는 유전자가 성공과 관련이 없다는 증거이다.

30 S + V(연결동사) + to 부정사(구)

- The essential role of hand gestures **is** to mark the points of emphasis in our speech. 2003학년도 수능
- People **seem** to be more motivated by the thought of losing something than by the thought of gaining something of equal value. 2007학년도 6월

● to 부정사구 보어 ●

· to 부정사구는 문장의 보어로 사용된다. (to 부정사의 명사적 용법)

---

092 The water **seemed** to welcome and embrace her. 2011학년도 수능

093 Possibly the most effective way to focus on your goals **is** to write them down. 2005학년도 수능

094 A way to get things done more efficiently and get better results **is** to do the right thing at the right time of day. 2012학년도 6월

 해석

· 손동작의 필수적인 역할은 우리의 연설에서 강조의 포인트를 표시하는 것이다.
· 사람들은 동일한 가치의 어떤 것을 얻는다는 생각에 의해서보다는 어떤 것을 잃게 된다는 생각에 의해서 더 동기가 부여되는 것으로 보인다.
092 그 강물은 그녀를 환영하고 맞이하는 것처럼 보였다.
093 아마도 당신의 목표에 집중하는 가장 효과적인 방법은 그것들을 적어보는 것이다.
094 일을 더 능률적으로 하고 더 나은 결과를 얻는 방법은 하루 중 알맞은 때에 알맞은 것을 하는 것이다.

● be + to 부정사 ●

a. One more thing you need to do **is to** join a club devoted to mathematics.
2007학년도 수능

b. Imagine that it's Saturday and you **are to** meet your friends at the mall at 12:00. 2003학년도 수능

be + to 부정사의 해석

a. -하는 것, -하기(to 부정사의 명사적 용법)

b. 예정, 명령(의무), 가능, 운명, 목표(의도)의 의미를 가진다.
He **is to** come tomorrow. 예정
= He is going to come tomorrow.

You **are to** be quiet here. 명령(의무)
= You should (must) be quiet here.

Not a sound **was to** be heard. 가능
= Not a sound could be heard.

She **was** never **to** see her son again. 운명
= She was destined never to see her son again.

Nations of the world must act together if we **are to** develop answers that will give a safe and healthy world to our children. 목표, 의도
2008학년도 수능
= ... if we would (intend to) develop ...

31   S + V(연결동사) + 동명사(구)

· Seeing **is** believing.   2000학년도 수능

· What he enjoys most **is** spending time with his family.

> **동명사구 보어**
>
> · 동명사나 현재분사는 문장의 보어로 사용된다.

---

095 The only thing worse than moving **is** staying where you are.

096 A wonderful and inexpensive family activity **is** taking a walk together.

097 When there is no compelling external explanation for one's words, saying **becomes** believing.   2012학년도 6월

· 보는 것이 믿는 것이다.(백문이 불여일견)
· 그가 가장 즐기는 것은 그의 가족과 시간을 보내는 것이다.
095 움직이는 것보다 더 나쁜 유일한 것은 네가 있는 곳에 머무르는 것이다.
096 멋지고 저렴한 가족활동은 함께 산책하는 것이다.
097 한 사람이 한 말에 대해 설득력 있는 외적인 설명이 없을 때, 말하는 것이 곧 믿는 것이 된다.

32 S + V(연결동사) + that(what, etc)절

- Another question **is** whether adequate water supplies are getting into the growing area. 2010학년도 6월
- The good news **is** that it's never too late to start building up muscle strength, regardless of your age. 2012학년도 수능

> ◉ 명사절 보어 ◉
>
> · 명사절(that절, 의문사절, what절, if/whether절)은 문장의 보어로 사용된다.

098 We **are** what we repeatedly do.

099 What she enjoys most **is** what she has been doing for a living all along.
2011학년도 6월

100 One of the greatest benefits of this **is** that it lets in light and provides protection from the weather at the same time. 2008학년도 수능

 해석
- 또 다른 문제는 적당량의 물이 (나무가) 자라는 지역으로 흘러 들어가는지이다.
- 반가운 소식은 근력을 기르기 시작하는 일은 나이에 상관없이 결코 때가 너무 늦지 않다는 것이다.
098 우리는 우리가 반복적으로 하는 것이다. (습관대로 된다.)
099 그녀가 가장 즐기는 일은 그녀가 생계를 위해 평생 동안 해오고 있는 일이다.
100 이것의 가장 큰 장점들 중 하나는 이것은 빛은 통과시키고 동시에 비바람으로부터 보호를 해준다는 것이다.

33 S + V(연결동사) + 넓은 의미의 형용사

- Zoo life **is** utterly <u>incompatible</u> with an animal's most deeply-rooted survival instincts. 2012학년도 6월

- Originally raised mainly for their meat, sheep and goats **became** <u>valuable</u> also for their milk and wool. 2010학년도 6월

> ◉ 형용사(구), 현재분사, 과거분사 보어 ◉
>
> - 넓은 의미의 형용사(형용사구, 현재분사, 과거분사)는 문장의 보어가 될 수 있다.
> - 수동태 문장(be + p.p.)나 진행형 문장(be + -ing)에서 사용되는 분사도 보어로 볼 수 있다.

101 She **was** <u>wearing</u> a wedding dress made of rich material. 2008학년도 수능

102 The economy **is** <u>characterized</u> more by the exchange of information than by hard goods. 2010학년도 수능

103 Prior to the Renaissance, objects in paintings **were** <u>flat and symbolic</u> rather than real in appearance. 2005학년도 수능

- 동물원 생활은 동물들의 가장 깊이 뿌리박혀 있는 생존 본능과 완전히 맞지 않는 것이다.
- 원래는 주로 고기를 위해서 사육되었던 양과 염소들은 그들의 젖과 털을 위해서도 유용해졌다.
101 그녀는 화려한 재료로 만들어진 웨딩드레스를 입고 있었다.
102 경제는 상품보다는 정보의 교환에 의해서 더 특징지어진다.
103 르네상스 이전에 회화에서의 사물은 외양이 사실적이라기보다는 평면적이었고 상징적이었다.

박스 안에서 어법에 맞는 표현을 고르시오.
밑줄 친 표현이 어법에 맞는지를 판단하고 필요하면 어법에 맞게 고치시오.

❶ Those who are good at music are good at languages as well. That should not be surprised / surprising , since the study of music and the study of language have a lot in common.

❷ One of the most dangerous illusions you get from school is the idea <u>of</u> doing great things requires a lot of discipline.

❸ The days I spent on the streets and in the subway stations were boring / bored and cold.

❹ One of the problems we face is what / that the food we eat is usually transported long distances.

❺ Bob looked angry / angrily at her, and she looked angry / angrily .

6 The best thing you can do to keep a piano in good condition is simply play /
played it continuously.

7 A dictionary is used to looking / to look up some unfamiliar words and idioms.

8 Popcorn tastes good / well with butter and salt on it.

9 Falling in love is <u>alike</u> being wrapped in a magical cloud.

10 Customers with engine trouble or a non-functioning heater are <u>usually</u> out of
luck.

11 No matter how unimportant / unimportantly your action may seem, it makes
you start in the right direction.

⑫   One key social competence is how well or <u>poor</u> people express their own feelings.

⑬   People with right-hemisphere damage seem (particular / particularly) unable to recognize fear in the voice.

⑭   What is it <u>likely</u> to live where there is no clean, safe water supply?

⑮   Speaking in front of a group is often a (terrifying / terrified) experience.

⑯   The bigger you are and the more impressive you look (physical / physically), the more people listen and the better you can sell yourself or anything else.

⑰   Only now, years later, do I know how unpleasant the smell of cigarette smoke (is / does).

⓲   Who you are is not how / what you look like, the job you do, or the gifts you have.

⓳   It is <u>like</u> that viewing violence on television does not directly cause children's aggression.

⓴   An encyclopedia is a book or a set of books given / giving information, arranged alphabetically, on all branches of knowledge.

1	surprising	6	play	11	unimportant	16	physically
2	that	7	to look	12	poorly	17	is
3	boring	8	good	13	particularly	18	what
4	that	9	like	14	like	19	likely
5	angrily, angry	10	OK	15	terrifying	20	giving

❶ surprising

해석 음악을 잘하는 사람들은 언어 또한 잘한다. 음악 공부와 언어 공부는 많은 공통점이 있기 때문에 그것은 놀라운 일이 아니다.

풀이 주어가 '놀라게 하는, 놀라운'의 의미일 때는 surprising을 쓰며, 주어가 '놀라게 되는' 경우에는 surprised를 쓴다.

❷ that

해석 학교로부터 얻는 가장 위험한 환상들 중 하나는 큰일을 하는 것은 많은 훈련을 요구한다는 생각이다.

풀이 doing 이하의 내용은 완전한 하나의 절로 the idea와 동격을 이루고 있으므로, 동격절을 이끄는 접속사 that을 써야 한다.

❸ boring

해석 내가 길과 지하철역에서 보냈던 날들은 따분했고 추웠다.

풀이 주어가 '따분하게 만드는'의 의미일 때는 boring을 쓰며, 주어가 '따분하게 되는'의 의미일 때는 bored를 쓴다.

❹ that

해석 우리가 직면하는 문제들 중 하나는 우리가 먹는 음식이 대개 먼 거리에서 수송된다는 것이다.

풀이 보어로 쓰인 문장이 완전한 문장이므로 접속사 that을 써야 한다. what은 그 뒤에 문장에서 역할(격)이 없으므로 사용될 수 없다.

❺ angrily, angry

해석 Bob은 화가 나서 그녀를 쳐다보았고 그녀는 화난 것처럼 보였다.

풀이 Bob이 '화난' 상태로 보이는 것이 아니라 '그녀를 화가 나서 (화난 모습으로) 쳐다본' 것이므로 동사 looked를 수식하는 부사 angrily가 필요하며, she는 화난 상태로 보이는 것이므로 상태를 나타내는 형용사 보어 angry를 써야 한다.

❻ play

해석 피아노를 좋은 상태로 유지하기 위해서 네가 할 수 있는 가장 좋은 것은 그저 그것을 계속 연주하는 것이다.

풀이　The best thing의 보어로 to 부정사구(to play)가 쓰일 수 있으며, 주어를 다른 형용사구가 수식할 경우에는 to를 생략할 수 있다.

❼　to look
....
해석　사전은 익숙하지 않은 단어와 숙어를 찾아보기 위해서 사용된다.

풀이　to look은 to 부정사의 부사적 용법으로 '목적'을 나타내며, be used는 '사용되다'는 의미를 나타내는 수동태 구문이다.

❽　good
....
해석　팝콘은 그 위에 버터와 소금을 뿌렸을 때 맛이 좋다.

풀이　taste의 보어로 형용사 good를 써야 한다.

❾　like
....
해석　사랑에 빠지는 것은 마법의 구름에 싸이는 것과 같다.

풀이　형용사(전치사) like는 목적어를 취할 수 있지만, 형용사 alike는 서술적 용법으로만 쓰이며 그 뒤의 (동)명사를 한정할 수 없다.

❿　OK
....
해석　엔진에 문제가 있거나 작동하지 않는 히터가

있는 고객들은 대개 운이 없는 것이다.

풀이　are의 보어는 out of luck이며, 부사 usually는 형용사구 out of luck를 수식한다.

⓫　unimportant
....
해석　당신의 행동이 아무리 중요하지 않은 것으로 보여도, 그것은 당신을 올바른 방향으로 시작하도록 만든다.

풀이　seem의 보어로 형용사 unimportant를 써야 한다.

⓬　poorly
....
해석　하나의 중요한 사회적 능력은 사람들이 자신의 감정을 얼마나 잘 또는 얼마나 형편없이 표현하는가이다.

풀이　how절 이하는 is의 보어이며, express를 수식하는 말이 필요하므로 부사 well과 병렬을 이루는 부사 poorly를 써야 한다.

⓭　particularly
....
해석　우뇌가 손상된 사람들은 특히 목소리에서의 두려움을 인지할 수 없는 것처럼 보인다.

풀이　seem의 보어로 형용사 unable이 쓰였으며, 부사 particularly는 형용사 unable을 수식한다.

⓮　like

| 해석 | 깨끗하고 안전한 물이 없는 곳에서 산다는 것은 어떻습니까? |

해석 깨끗하고 안전한 물이 없는 곳에서 산다는 것은 어떻습니까?

풀이 it이 가주어, to live 이하가 진주어로, 의문대명사 What이 쓰였으므로, 목적어를 취할 수 있는 전치사(형용사) like를 써야 한다. 'be likely to~' 표현과 혼동하지 않도록 특히 유의해야 한다.

⑮ terrifying

....

해석 사람들 앞에서 연설하는 것은 종종 두려운 경험이다.

풀이 주어가 '두렵게 만드는'의 의미일 때는 현재분사 terrifying을 쓰고, 주어가 '두렵게 된'의 의미일 때는 과거분사 terrified를 쓴다.

⑯ physically

....

해석 당신의 몸집이 크면 클수록, 당신이 신체적으로 더 인상적이면 인상적일수록, 더 많은 사람들이 당신의 말을 들어줄 것이고 당신 자신과 그 어떤 것이라도 더 잘 판매할 수 있다.

풀이 look의 보어는 more impressive이며, 부사 physically는 형용사 more impressive를 수식한다.

⑰ is

....

해석 몇 년이 지난 지금에서야 나는 담배 연기 냄새가 얼마나 불쾌한지를 안다.

풀이 how unpleasant가 the smell of cigarette smoke의 보어이므로 동사 is가 필요하다.

⑱ what

....

해석 당신이 누구인지는 당신이 어떻게 생겼는지, 당신이 하는 일, 또는 당신이 가지고 있는 재능이 아니다.

풀이 의문사절이 보어로 쓰였으며, like의 목적어가 필요하므로 의문대명사 what을 써야 한다.

⑲ likely

....

해석 TV에서 폭력 장면을 시청하는 것은 아이들의 공격성을 직접적으로 야기하지 않는 것 같다.

풀이 It은 가주어이고 that절이 진주어다. 'It is likely that-'은 '-일 것 같다'의 의미를 나타낸다. likely는 형용사로 is의 보어가 된다.

⑳ giving

....

해석 백과사전은 모든 분야의 지식에 관해서 알파벳순으로 정보를 제공하는 책 또는 책들의 묶음이다.

풀이 보어 a book or a set of books를 수식해야 하며, 뒤에 목적어 information이 있으므로 능동의 의미를 나타내는 현재분사를 써야 한다.

CHAPTER V 한없이 길어지는 목적격 보어를 찾아라

34 S + V + O + 넓은 의미의 명사

· My mom **made** me what I am today.

· We **consider** ourselves as rational decision makers, logically evaluating the costs and benefits of each alternative we encounter. 2012학년도 6월

● 명사(구) 목적격 보어 ●

· 넓은 의미의 명사(명사구, 명사절)는 목적격 보어가 될 수 있다.

104 The first man, feeling the elephant's body, **interpreted** it to be a mud wall.

105 Maria Edgeworth's father **made** her a confidential friend, and he also became her literary adviser. 2008학년도 6월

106 The word "addiction" is often used loosely in conversation. People will **refer to** themselves as mystery book addicts or cookie addicts. 2007학년도 9월

· 나의 엄마가 나를 오늘의 나로 만드셨다.
· 우리는 우리가 접하는 각 대안의 비용과 이익을 논리적으로 평가하는 합리적인 의사 결정자로 우리 자신을 여기는 경향이 있다.
104 첫 번째 남자는 코끼리의 몸통을 느끼면서 그것을 진흙 벽으로 판단했다.
105 Maria Edgeworth의 아버지는 그녀를 비밀을 터놓을 수 있는 친구로 만들었으며 또한 그녀의 문학 조언가가 되었다.
106 '중독'이라는 단어는 종종 대화에서 부정확하게 사용된다. 사람들은 자신들은 추리소설 중독자 또는 과자 중독자라고 부를 것이다.

S + V + O + 넓은 의미의 형용사

· In the dead silence of midnight, he could even **hear** a watchdog barking from the opposite shore of the river. 2002학년도 수능

· He **saw** the male giraffes battling for mates by swinging their powerful necks.
2006학년도 수능

◉ 형용사(구), 현재분사, 과거분사 목적격 보어 ◉

· 넓은 의미의 형용사(구)는 목적격 보어가 될 수 있다.
· 현재분사나 과거분사는 목적격 보어가 될 수 있다.

107 Choosing to be on time **will make** your life enormously easier. 2012학년도 6월

108 Unfortunately, our jobs now **have** us both traveling most weeks. 2011학년도 수능

109 Examine your thoughts, and you **will find** them wholly occupied with the past or the future. 2011학년도 수능

 · 아주 고요한 한밤중에 그는 심지어 강의 반대편에서 감시견이 짖어대는 소리를 들을 수 있었다.
· 그는 수컷 기린들이 그들의 강력한 목을 흔들며 짝을 차지하기 위해 싸우는 것을 보았다.
107 시간을 잘 지키기로 선택하는 것은 당신의 생활을 훨씬 더 수월하게 만들 것이다.
108 유감스럽게도, 저희의 직업으로 인해 저희 둘 다 대부분의 주마다 여행을 하고 있습니다.
109 너의 생각을 살펴보면, 너는 그것들이 완전히 과거나 미래에 사로잡혀 있다는 것을 알게 될 것이다.

36 S + V + O + to 부정사(구)

· His father, who practiced law, **encouraged** him to read a lot. 2009학년도 6월

· The failure of a single component of your car's engine could **force** you to call for a tow truck. 2011학년도 9월

● to 부정사구 목적격 보어 ●

· '(일을) 하게 하다'라는 의미가 있는 대부분의 동사는 목적어 뒤에 to 부정사를 쓴다.

---

110 The precision of Huygens' clock **allowed** scientists to use it for their physics experiments. 2005학년도 수능

111 In 1457, James II **ordered** his people not to play the game anymore. 2001학년도 수능

112 Police do issue permits to qualified hunters and **advise** hikers to wear bright, colorful clothing during hunting season. 2002학년도 수능

cf. 명령문의 화법 전환

The doctor said to me, "Stay in bed for a couple of days."

→ The doctor **advised** me to stay in bed for a couple of days.

 해석

· 변호사로 개업했던 그의 아버지는 그에게 독서를 많이 하도록 장려했다.
· 자동차 엔진 부품 중 단 하나만이라도 고장 나면 당신은 견인트럭을 불러야 할 것이다.
110 Huygens 시계의 정밀함은 과학자들이 그것을 물리학 실험을 하는데 사용하는 것을 가능하게 했다.
111 1457년에 James 2세는 그의 백성들에게 그 게임을 더 이상 하지 못하도록 명령했다.
112 경찰은 자격이 있는 사냥꾼들에게 허가증을 발급하고 하이킹을 하는 사람들에게 사냥철 동안에는 밝고 화려한 옷을 입을 것을 조언한다.
cf. 의사는 나에게 "며칠 동안 침대에 누워 계세요."라고 말했다.
　→ 의사는 나에게 며칠 동안 침대에 누워있으라고 조언했다.

37 S + 지각·사역동사 + O + 동사원형

- That accident **made** my friend <u>spend</u> the rest of his life in a wheelchair.
  2001학년도 수능

- He invited these performers to his laboratory and **had** them <u>participate</u> in a range of tests measuring their speed of movement and accuracy of finger motion. 2009학년도 6월

● 원형 부정사(to 없는 부정사) 목적격 보어 ●

- 지각동사나 사역동사의 목적격 보어로 원형 부정사를 쓴다. 단, 능동의 의미가 있을 때는 현재분사를, 수동이나 완료의 의미가 있을 때는 과거분사를 쓰기도 한다. 개별 동사의 특성을 암기해야 한다. 도표 참조

---

113 Don't **let** your children <u>make</u> too much noise or <u>jump</u> around. 2003학년도 수능

114 I **saw** a famous soprano from Eastern Europe <u>sing</u> Tosca twice within ten months. 2005학년도 수능

115 Tory Higgins **had** university students <u>read</u> a personality description of someone and then <u>summarize</u> it for someone else who was believed either to like or to dislike this person. 2012학년도 6월

 해석

- 그 사고는 내 친구로 하여금 평생을 휠체어에서 보내도록 만들었다.
- 그는 이 공연자들을 그의 연구실로 불렀고 손동작의 속도와 정확성을 측정하는 일련의 테스트에 참여하도록 시켰다.
113 당신의 자녀들로 너무 크게 떠들거나 뛰지 않도록 해주세요.
114 나는 10개월 내에 동유럽 출신의 한 유명한 소프라노가 Tosca를 부르는 것을 두 번 보았다.
115 Tory Higgins와 그의 동료들은 대학생들에게 어떤 사람의 성격을 기술한 것을 읽게 하고, 그 다음 이 사람을 좋아하거나 싫어한다고 믿어지는 어떤 다른 사람을 위해 그것을 요약하도록 시켰다.

✳ 유의해야 할 목적격 보어 형태 ✳

```
지각동사     + O +   ®
                    현재분사
                    과거분사

let         + O +   ®
make        + O +   ®
                    과거분사

have        + O +   ®
                    현재분사
                    과거분사

get         + O +   to 부정사
                    현재분사
                    과거분사

help        + (O) + ®
                    to 부정사

keep        + O +   현재분사
                    과거분사

[O를 -하게 하다]  + O +  to 부정사
```

위 의미를 지닌
대부분의 동사

박스 안에서 어법에 맞는 표현을 고르시오.
　　밑줄 친 표현이 어법에 맞는지를 판단하고 필요하면 어법에 맞게 고치시오.

❶ Unfortunately, our jobs now have us both traveling most weeks, and we simply cannot keep up with a daily paper.

❷ Stress causes the mind dwelling / to dwell on the past or future reducing our awareness of the present.

❸ The very existence of speech writers like her causes many political or business people to think that if they just hire a good speech writer, they will become memorable speech makers overnight.

❹ She saw an anxious expression suddenly come / to come over the driver's face.

❺ Tears help us get / getting support and sympathy from other people.

6 In a survey published earlier this year, seven out of ten parents said they would never let their children play / to play with toy guns.

7 She felt herself <u>followed</u> and her heart <u>beating</u> harder and harder.

8 If strong bonds make even a single dissent less like / likely , the performance of groups and institutions will be impaired.

9 The student was made answer / to answer the question by his professor.

10 The musician was watched sing and dance / to sing and dance to the music.

11 The manager got the waitress pay / to pay attention to customers.

⑫ She found it difficultly / difficult to cope with her father's objection.

⑬ Babies stare at objects that they consider to be pleasing.

⑭ Computer animation can speed up the teaching process and make it easy / easily to explain ideas straightforward.

⑮ The bad language and profanity on some shows make them unsuitable / unsuitably for families.

⑯ It's never safe to leave children unattended with an animal.

⑰ In adults, a low level of lead exposure isn't considered dangerous / dangerously .

⑱ Sweating might make people <u>feel</u> cooler as the sweat evaporates.

⑲ People are surprised to see blankets <u>using</u> to keep ice cold and to prevent it from melting.

⑳ I made a quick trip to her home only to find her <u>unconsciously</u> and breathing very irregularly.

1 OK	6 play	11 to pay	16 OK
2 to dwell	7 OK, OK	12 difficult	17 dangerous
3 OK	8 likely	13 OK	18 OK
4 come	9 to answer	14 easy	19 used
5 get	10 to sing and dance	15 unsuitable	20 unconscious

1   OK

해석   불행하게도, 지금 우리의 일로 인해 우리 둘 다 대부분의 주마다 여행을 하고 있으며, 그래서 일간신문을 계속 구독할 수가 없습니다.

풀이   사역동사 have의 목적격 보어로는 목적어와 보어의 관계가 능동이나 진행의 의미를 나타낼 때에는 동사원형이나 현재분사를 쓸 수 있다.

2   to dwell

해석   스트레스는 현재에 대한 우리의 인식을 줄이면서 마음이 과거나 미래에 몰두하도록 야기한다.

풀이   cause는 목적격 보어로 to 부정사를 취한다.

3   OK

해석   그녀와 같은 연설 작가의 존재는 많은 정치인이나 사업가들로 하여금 만일 그들이 그저 훌륭한 연설 작가를 고용하기만 하면 그들이 하룻밤 사이에 기억에 남을 만한 연설가가 될 것이라고 생각하도록 만든다.

풀이   cause는 목적격 보어로 to 부정사를 취한다.

4   come

해석   그녀는 운전자의 얼굴에 갑자기 걱정스러운 표정이 나타나는 것을 보았다.

풀이   지각동사 saw의 목적격 보어로 to 부정사를 쓸 수 없으며, 동사원형을 써야 한다.

5   get

해석   눈물은 우리가 다른 사람들로부터 지지와 동정을 받는 것을 도와준다.

풀이   help는 목적격 보어로 동사원형이나 to 부정사를 취한다.

6   play

해석   올해 초에 발표된 설문조사에서 10명의 부모들 중 7명은 자녀가 장난감 총을 가지고 노는 것을 절대로 허락하지 않을 것이라고 말했다.

풀이   사역동사 let의 목적격 보어로는 항상 동사원형을 쓴다.

7   OK, OK

해석 그녀는 미행당한다는 것을 느꼈고, 그녀의 심장이 점점 더 세게 뛰는 것을 느꼈다.

풀이 'feel + 목적어 + 목적격 보어' 구문에서 목적어인 herself가 '미행을 당하는' 것이므로 수동의 의미가 있는 과거분사 followed가 쓰였으며, her heart가 '뛰는' 것이므로 능동·진행의 의미를 지닌 현재분사가 쓰였다. 능동의 의미를 나타낼 때는 동사원형을 써도 된다.

8 likely

해석 만약 강한 유대가 작은 반대라도 덜 가능하게 만든다면, 집단과 단체의 수행은 손해를 입을 것이다.

풀이 목적어인 a single dissent가 '덜 가능한' 상태가 되는 것이므로 목적격 보어로 형용사 likely를 써야 한다. like는 그 뒤에 목적어가 와야 한다.

9 to answer

해석 그 학생은 그의 교수에 의해서 그 질문에 답하도록 되었다.

풀이 사역동사의 목적격 보어로 동사원형을 써야 하는데, 수동태가 되면 to 부정사를 쓴다.

10 to sing and dance

해석 그 음악가가 음악에 맞춰 노래하고 춤추는 것이 목격되었다.

풀이 지각동사 watched의 목적격 보어로 동사원형을 써야 하는데, 수동태가 되면 to 부정사를 쓴다.

11 to pay

해석 그 지배인은 여종업원으로 하여금 고객들에게 주의를 기울이도록 시켰다.

풀이 목적어와 목적격 보어가 능동의 관계를 나타낼 때는 get의 목적격 보어로 to 부정사나 현재분사를 쓴다.

12 difficult

해석 그녀는 아버지의 반대를 다루는 것이 어렵다는 것을 알았다.

풀이 it은 가목적어, to cope이하가 진목적어이다. 목적격 보어로는 형용사 difficult를 써야 한다.

13 OK

해석 아기들은 즐거움을 준다고 여기는 사물들을 응시한다.

풀이 consider는 목적격 보어로 to 부정사를 쓴다. that은 목적격 관계대명사로 consider의 목적어에 해당된다.

14 easy

해석 컴퓨터 애니메이션은 교수 과정을 빠르게

하고 아이디어들을 단순하게 설명하는 것
을 쉽게 만들 수 있다.

풀이 it은 가목적어이고 to 부정사는 진목적어
이다. 목적격 보어로는 형용사를 쓴다.

⑮ unsuitable

해석 일부 프로그램의 욕설과 불경함은 그것들
이 가족들이 시청하기에 부적합하게 한다.

풀이 make의 목적격 보어로는 형용사를 써야
한다.

⑯ OK

해석 어린이들을 동물과 함께 돌보지 않은 채로
두는 것은 절대 안전하지 않다.

풀이 어린이들이 돌봄을 받지 않는 상태를 의미
하므로 leave의 목적격 보어로 수동의 의
미가 있는 과거분사를 써야 한다.

⑰ dangerous

해석 성인들에게 낮은 수준의 납 노출은 위험한
것으로 여겨지지 않는다.

풀이 'consider + O + 형용사 보어' 구문을 수동
태로 만든 것이므로 형용사 보어 dangerous
를 써야 한다.

⑱ OK

해석 땀을 내는 것은 땀이 증발함에 따라 사람

들을 더 시원하게 느끼게 만든다.

풀이 사람들이 시원함을 느끼는 것이므로 사역
동사 make의 목적격 보어로는 능동의 의
미를 나타내는 동사원형을 써야 한다.

⑲ used

해석 사람들은 담요가 얼음을 차갑게 하고 그
것이 녹는 것을 막기 위해서 사용되는 것
을 보고 놀란다.

풀이 담요가 사용되는 것이므로 지각동사 see
의 목적격 보어로 수동의 의미가 있는 과
거분사 used를 써야 한다.

⑳ unconscious

해석 나는 그녀의 집으로 재빨리 갔는데 그녀
가 의식을 잃고 아주 불규칙하게 숨을 쉬
고 있는 것을 발견했다.

풀이 her를 '무의식적으로' 발견한 것이 아니라
her가 '의식이 없는' 상태인 것을 발견하
게 된 것이므로 find의 목적격 보어로 형
용사를 써야 한다.

한 쪽짜리 준동사

준(準)동사는 동사의 성질을 가지고 있다.

 동사의 성질
① (의미상) 주어 / 시제 / 태(수동·능동)가 있다.
② 목적어, 보어, 부사구를 취할 수 있다.

전치사 to는 기본적으로 전치사 from과 반대되는 개념이다. (동)명사 자리에 다른 명사(구)를 넣어서 문장이 성립하면 전치사이다. to 부정사는 기본적으로 문장에서 명사, 형용사, 부사처럼 쓰이며, 부사적 용법으로 쓰일 때는 '목적', '원인', '결과', '판단의 근거' 등을 나타낸다.

· Many young people seem to prefer surfing the Internet to read**ing** books. 2005학년도 수능

· I look forward to meet**ing** you there. 2008학년도 수능

· I really object to be**ing** charged for parking.

· One recent poll showed that 80% of Americans were opposed to kill**ing** whales.

· Gonzales has devoted himself to provid**ing** people with more access to literature. 2005학년도 수능

· In this modern world, people are not used to liv**ing** with discomfort. 2011학년도 수능

> **cf.**
> I **used to** give a lot of money to the homeless. 2007학년도 6월
> Radio **was** once widely **used to** get news and information. 2009학년도 9월

· When it comes to talk**ing**, I have observed two basic personality types. 2009학년도 9월

· He is painting the house with a view to sell**ing** it.

· What do you say to eat**ing** out this evening?

· Green tea has a long list of health benefits, from lowering cholesterol levels to prevent**ing** tooth decay.

- He felt himself to be a failure and took to drink**ing**.

- A career change came next which led to teach**ing** underprivileged young children in Los Angeles. 2012학년도 수능

>
> **다음은 to 부정사!**
> be (un)likely to / tend to / be (about) to / be (un)willing to /
> be reluctant to / be bound to / be inclined to /
> be liable to / be prone to (명사도 가능)

- If you can take a different angle from the rest of the class in a paper, you're more **likely to impress** your professors. 2012학년도 9월

- We **tend to believe** that our taste in music is a great way of expressing our individuality. 2007학년도 6월

- It was a beautiful Friday afternoon and the weekend **was about to begin**. 2010학년도 수능

- She **is** not **willing to accept** feedback about her management style. 2010학년도 6월

- The mind may **be reluctant to think** properly when thinking is all it **is supposed to do**. 2011학년도 수능

- You might think you're removing all the pesticide on the fruit when you wash it, but some chemicals **are bound to remain** on the surface of the peel. 2007학년도 수능

- Motivated by feelings of guilt, they **are inclined to make** amends for their actions. 2013학년도 수능

- It seems that we **are prone to adjust** our messages to our listeners, and, having done so, to believe the altered message. 2012학년도 6월

CHAPTER VI 문장을 길고 복잡하게 만드는 深深심심한 문법

38 접속사

등위(상관)접속사

구 + 구 주절 + 주절	and / or / but for / so not only A but also B (= B as well as A) both A and B / either A or B / neither A nor B

종속접속사(+ 종속절)

명사절	주어	that
	목적어	if / whether
	보어	의문사(who(m), what, when, where, how, whose, why, which)
	동격 that	관계대명사 what
		복합관계대명사(whatever, whoever, etc.)
형용사절	관계대명사/ 관계 부사	
부사절	시간	when, whenever, while, as, before, after, as soon as, till, until, since, no sooner… than, hardly… when, scarcely… before, the moment, the minute, each[every] time, etc.
	이유	because, as, since, now (that), seeing (that), etc.
	목적	so that… may[can], in order that, lest… should, etc.
	결과	so/such … that, so (that), etc.
	조건(가정)	if, unless, in case, providing (that), provided (that), suppose (that), supposing (that), given (that), once, as if[though], etc.
	양보	although, (even) though, (even) if, as, while, when, whereas, no matter what[who, when, where, how], 복합관계사, etc.
	비교, 범위, 정도	as, than, so long as, (just) as … (so) …, etc.
	양태	as, like
	비례, 시간의 경과	as
	장소	where, wherever

문장의 연결 고리(접속사)

- 절과 절이 연결될 때는 접속사가 필요하다. 예외 있음
- 등위(상관)접속사로 이어지는 앞뒤의 대상은 대등한 역할을 하는 같은 형태의 품사, 구 또는 절로 연결되어야 한다. 병렬구조
- 전치사와 접속사를 구별할 수 있어야 한다.

116 **If** you have questions about this matter, please leave a message at (212) 555-5612, **and either** my wife **or** I will call you back **as soon as** we can. 2011학년도 수능

117 **As** industrialization peaks, the birth rate falls **and** begins to approximate the death rate. 2008학년도 9월

118 We anticipate the future **as if** we found it too slow in coming **and** we were trying to hurry it up. 2011학년도 수능

119 Everyone looked at **how** the man held his chopsticks, **so that** they could imitate him. 2011학년도 6월

120 They need to know **who** e-mail senders are **and whether** information coming **and** going is correct. 2001학년도 수능

121 **If** we trivialize art **and** remove it from the core of a mainstream education, we **not only** deny our students full access to one of humankind's most profound experiences, **but** we miss countless opportunities to improve their grasp of other subjects as well. 2011학년도 6월

122 **Just as** people search for books in bookstores, you can find and select **what** you want with a computer. 2008학년도 수능

123 Shortly after my arrival, **seeing that** the skies were cloudy, I checked the newspaper for a weather report. 2012학년도 6월

124 **Where** denial and suppression occur, there comes the danger **that** in doing so the individual stores up anger **and** resentment. 2013학년도 수능

125 **When** I went to my room after breakfast, I made my bed, straightened the room, dusted the floor, **and** did **whatever** else came to my attention.
2007학년도 6월

 116 이 문제에 대해 질문이 있으시면, (212) 555-5612로 메시지를 남겨주세요. 그러면 제 아내나 저 중 한 사람이 가능한 빨리 전화를 드리겠습니다.

117 산업화가 정점에 이르면서 출생률은 감소하며 사망률에 근접하기 시작한다.

118 우리는 마치 미래가 너무 느리게 오고 있다고 생각해서 그것을 서둘러 오게 하려고 하는 것처럼 미래를 고대한다.

119 모든 사람은 그를 모방하기 위해서 어떻게 그 남자가 젓가락을 집는지를 보았다.

120 그들은 전자우편을 보낸 사람들이 누구인지 그리고 오가는 정보가 정확한 것인지를 알 필요가 있다.

121 만약 우리가 미술을 하찮게 만들고 주류 교육의 핵심으로부터 제거한다면, 우리는 우리의 학생들이 인류의 가장 심오한 경험들 중의 하나에 충분히 접근하지 못하게 할 뿐 아니라 다른 과목들에 대한 그들의 이해력을 향상시킬 수 있는 수많은 기회들을 놓치게 된다.

122 사람들이 서점에서 책을 찾는 것처럼 당신은 컴퓨터를 가지고 당신이 원하는 것을 찾고 고를 수 있다.

123 내가 도착한 직후에, 하늘에 구름이 끼어 있어서 나는 일기예보를 보려고 신문을 살폈다.

124 부인과 억압이 일어나는 곳에서, 그렇게 함으로써 그 사람이 분노와 분한 마음을 쌓아 놓는다는 위험성이 오기 마련이다.

125 아침 식사 후에 내 방으로 갔을 때, 나는 침대를 정돈하고, 방을 정리하고, 바닥의 먼지를 닦고, 내 시야에 들어오는 것은 무엇이든지 했다.

박스 안에서 어법에 맞는 표현을 고르시오.
밑줄 친 표현이 어법에 맞는지를 판단하고 필요하면 어법에 맞게 고치시오.

❶ The idea ⟨of / that⟩ using machines to do automated tasks and calculations is
not a new one.

❷ We study philosophy <u>because</u> the mental skills it helps us develop.

❸ <u>Despite</u> a person's good looks may get our attention, it is not an impression that
necessarily lasts.

❹ If the information we get is very complicated or we have heard it secondhand,
we sometimes want to reconfirm ⟨that / what⟩ the information we have is correct.

❺ People's standards of living differ greatly, and some people are well-off ⟨while /
during⟩ others are not.

6   The moon grows extremely hot in the daytime and extremely cold at night. That happens (why / because) the moon has no air, which protects a planet from the sun's rays and keeps it from losing too much heat.

7   Many of the students sign up for his classes (because / because of) his widespread reputation.

8   The most interesting thing you see (while / during) you are waiting for your subway train is a poster.

9   Switzerland lies (among / between) Germany, France, Austria and Italy.

10   One Saturday night, (for / during) a visit to a fast-food restaurant with my wife and children, I noticed a woman's purse beneath a table in the corner.

❶❶ In general, one's memories of any period necessarily weaken <u>as</u> one moves away from it.

❶❷ Diarrhea can be dangerous as it can result (in / from) severe dehydration, weight loss, weakness and malnutrition.

❶❸ If poor people receive welfare every month with no time limit and they can survive on that money without working, (they will / and they will) just continue to accept that money and not even try to work.

❶❹ Many social scientists have believed (that / what) birth order directly affects both personality and achievement in adult life.

❶❺ In North America, physical punishment by parents, (it is / as long as it is) not severe, is seen as necessary discipline by many people.

⑯   I had been doing my homework, which was due to / on Monday.

⑰   When you practice anything every day, you'll get so skilled at it that it becomes automatic.

⑱   Whenever I'm evaluating someone's character, I pay careful attention to how he relates to the clerk at the grocery store, the teller at the bank, the gas station attendant, the waitress at the local diner, and whomever else he meets.

⑲   Giving / Given that we have no way of knowing what the future holds, the best way to be happy is to learn to live from moment to moment.

⑳   Just as our view of work affects our real experience of it, so does our view of leisure.

1	of	6	because	11	OK	16	on
2	because of	7	because of	12	in	17	OK
3	Although	8	while	13	they will	18	OK, OK
4	that	9	between	14	that	19	Given
5	while	10	during	15	as long as it is	20	OK

❶   of

해석   자동화된 과업과 계산을 하기 위해서 기계를 사용하는 아이디어는 새로운 것이 아니다.

풀이   문장의 주어가 The idea이고 동사는 is이다. The idea를 수식해야 하므로 전치사 of가 필요하다.

❷   because of

해석   우리는 철학이 계발하도록 도와주는 정신적 능력 때문에 철학을 공부한다.

풀이   명사구 the mental skills가 이어지므로 접속사가 아닌 구전치사 because of를 써야 한다.

❸   Although

해석   비록 사람의 잘생긴 외모가 우리의 관심을 끌 수 있지만, 그것은 반드시 지속되는 인상은 아니다.

풀이   뒤에 '주어 + 동사'가 이어지고 있으므로 전치사가 아닌 접속사 Although가 필요하다.

❹   that

해석   우리가 얻는 정보가 매우 복잡하거나 우리가 그것을 간접적으로 들었다면, 우리는 때때로 우리가 가지고 있는 정보가 옳은 것인지를 재확인하고 싶어한다.

풀이   reconfirm의 목적어가 필요하며, 그 뒤에 완전한 형태의 문장이 왔으므로 명사절을 이끄는 접속사 that을 써야 한다.

❺   while

해석   사람들의 생활수준은 크게 다르며, 일부는 잘사는 반면에 다른 사람들은 그렇지 않다.

풀이   뒤에 '주어 + 동사'가 이어졌으므로 접속사 while이 필요하다.

❻   because

해석   달은 낮 동안에 매우 뜨거워지며 밤에는 매우 추워진다. 이는 행성을 태양 광선으로부터 보호해주고 너무나 많은 열을 빼앗기지 않게 해주는 공기가 달에 없기 때문에 일어난다.

풀이   because 뒤에는 이유를 나타내는 말이 와야 한다.

❼ because of

해석 많은 학생들이 그의 널리 알려진 명성 때문에 그의 강좌를 신청한다.

풀이 뒤에 명사구가 이어지므로 구전치사 because of를 써야 한다.

❽ while

해석 당신이 지하철을 기다리는 동안에 보게 되는 가장 흥미로운 것은 포스터이다.

풀이 뒤에 '주어 + 동사'가 이어지므로 접속사 while을 써야 한다.

❾ between

해석 스위스는 독일, 프랑스, 오스트리아, 그리고 이탈리아 사이에 있다.

풀이 대상의 경계가 분명할 때는 숫자에 관계없이 between을 쓴다.

❿ during

해석 어느 토요일 밤에, 아내와 아이들과 함께 패스트 푸드점을 방문한 동안 나는 구석에 있는 테이블 아래쪽에서 여자 지갑 하나를 발견했다.

풀이 뒤에 명사구 a visit이 이어지므로 전치사 during을 써야 한다. '동안'을 의미할 때 for 뒤에는 구체적인 숫자가 이어진다.

⓫ OK

해석 일반적으로 어느 시기에 대한 사람의 기억은 사람이 그것으로부터 멀어짐에 따라 필연적으로 약해진다.

풀이 as는 '시간의 경과(추이)'를 나타내는 접속사이다.

⓬ in

해석 설사는 심한 탈수, 체중 감소, 쇠약, 영양 실조를 초래할 수 있기 때문에 위험할 수 있다.

풀이 result in + 결과, result from + 원인

⓭ they will

해석 만일 가난한 사람들이 기한 없이 매달 복지수당을 받고 그 돈을 가지고 일하지 않고 생존할 수 있으면, 그들은 그저 그 돈을 계속 받을 것이고 일하려고 시도조차 하지 않을 것이다.

풀이 'If - working'이 종속절이므로, 주절이 이어져야 한다. 등위접속사 and는 필요하지 않다.

⓮ that

해석 많은 사회과학자들은 출생 순서가 성격과 성인기의 성취에 직접적으로 영향을 미친다고 믿어왔다.

풀이 have believed의 목적어가 필요하며 뒤에

완전한 형태의 문장이 이어지므로 명사절을 이끄는 종속접속사 that이 필요하다.

⑮ as long as it is

해석 북미에서 부모에 의한 체벌은 많은 사람들에 의해서 그것이 심하지 않은 한 필요한 훈육으로 여겨진다.

풀이 두 개의 절이 연결될 때는 접속사가 필요하다.

⑯ on

해석 나는 숙제를 하고 있었는데, 그것은 월요일이 마감이었다.

풀이 요일 앞에는 전치사 on을 쓴다. 숙어 'be due to -'와 혼동하지 않도록 유의해야 한다.

⑰ OK

해석 당신이 어떤 것이든 매일 연습하면, 당신은 그것에 아주 숙달되어서 그것이 자동적으로 된다.

풀이 'so - that ...' : 아주 ~해서 ...하다

⑱ OK, OK

해석 나는 어떤 사람의 인격을 평가할 때마다, 그 사람이 식료품 가게의 직원, 은행의 창구 직원, 주유소의 종업원, 동네 식당의 여종업원, 그리고 그가 만나는 어떤 다른 사람이든지 그들과 어떻게 관계를 맺는지에 아주 세심하게 주목한다.

풀이 to의 목적어로 의문사절(how절)이 쓰였으며, whomever else he meets는 relates to의 목적어가 되며, whomever는 anyone whom의 의미이다.

⑲ Given

해석 우리에게 미래가 지닌 것을 알 수 있는 방법이 없다는 것을 고려하면 행복해지기 위한 최선의 방법은 매 순간을 사는 것이다.

풀이 Given (that) ~ : : ~라는 것을 생각하면[감안하면]

⑳ OK

해석 일에 대한 우리의 견해가 그것의 실제 경험에 영향을 주는 것처럼 여가에 대한 우리의 견해도 그렇다.

풀이 (Just) as ~ (so) ... : ~와 같이 ...이다.

㊴ 관계대명사의 제한적(한정적) 용법

선행사 \ 격	주격	소유격	목적격
사람	who	whose	who(m)
사물·동물, 구, 절	which	whose, of which	which
사람·동물·사물	that	-	that

● 관계대명사의 제한적(한정적) 용법 ●

· 관계대명사는 접속사의 역할과 (대)명사의 역할을 함께 하는 것으로 선행사의 범위를 좁혀주는 형용사절을 이끈다. **제한적 용법**
· 비제한적 용법으로 쓰인 관계대명사절은 선행사를 부연 설명한다.
· 관계대명사 뒤에는 대명사가 빠진 불완전한 문장이 나온다.
· 관계대명사는 언제나 격이 있다.
· 관계대명사 that은 전치사 바로 뒤에서 사용되지 못하며, 비제한적 용법으로 사용되지 않는다.

---

126 I have seen *people* **who** are very good at their jobs but are poor at presenting themselves and, hence, do not convince the audience of their capabilities.
2011학년도 6월

127 *Those* **who** cannot make a success in their business or profession are *the ones* **whose** concentration is poor. 2003학년도 수능

128 Many people believe that it is critical to share similar beliefs and values with *someone* with **whom** they have a relationship. 2011학년도 수능

129 Networking should not be regarded as a search for customers or partners, but rather as *a win-win situation* from **which** everyone can benefit.
2009학년도 9월

130 Deseada is *a small island* **which** belongs to the Lesser Antilles. 2013학년도 수능

131 Taking a bath in *water* **whose** temperature ranges between 35℃ and 36℃ helps calm you down when you are feeling nervous. 2001학년도 수능

132 Most people do not make *the progress* **which** they would like to make. 2001학년도 수능

133 *The combustion* of oxygen **that** keeps us alive and active sends out by-products called oxygen free radicals. 2014학년도 수능

134 *Those plants* **that** we call weeds are often beneficial. 2007학년도 6월

해석

126 나는 자신들의 일에는 매우 숙달되어 있지만 자기 자신을 잘 표현하지 못하여 청중들에게 그들의 능력을 깨닫게 하지 못하는 사람들을 봐왔다.

127 사업이나 직업에서 성공하지 못하는 사람들은 집중력이 형편없는 사람들이다.

128 많은 사람들은 그들이 관계를 맺고 있는 사람들과 비슷한 신념이나 가치관을 공유하는 것이 중요하다고 믿는다.

129 네트워킹은 고객들이나 파트너를 찾는 것으로 여겨져서는 안 되며, 모든 사람이 이익을 얻을 수 있는 쌍방에게 이로운(win-win) 상황으로 여겨져야 한다.

130 Deseada는 소 앤틸레스 제도(Lesser Antilles)에 속하는 작은 섬이다.

131 온도가 35℃ ~ 36℃에 이르는 물에서 목욕을 하는 것은 당신이 초조함을 느낄 때 당신을 차분하게 하는 것을 돕는다.

132 대부분의 사람들은 그들이 이루고자 하는 발전을 이루지 못한다.

133 우리를 살아있게 하고 활동적으로 유지하는 산소의 연소는 활성 산소라고 불리는 부산물을 내보낸다.

134 우리가 잡초라고 부르는 그 식물들은 종종 유용하다.

관계대명사의 비제한적 용법

선행사 \ 격	주격	소유격	목적격
사람	who	whose	who(m)
사물·동물, 구, 절	which	whose, of which	which

● 관계대명사의 비제한적 용법 ●

· 비제한적 용법으로 쓰인 관계대명사 앞에는 콤마(,)를 찍는다.
· 비제한적 용법으로 쓰인 관계대명사절은 선행사를 부연 설명한다.
· 관계대명사 that은 비제한적 용법으로 쓰이지 않는다.

135 Teachers must maintain a good relationship with *the parents*, **who** are also an important part of the total school community. 2004학년도 수능

136 The first eight expeditions to Everest were *British*, **all of which** attempted the mountain from the northern, Tibetan, side. 2012학년도 수능

137 Dietary fiber helps *to lower the level of cholesterol and blood sugar*, **which** reduces the risk of heart disease and diabetes. 2007학년도 수능

 해석
135 선생님들은 학부모들과 좋은 관계를 유지해야만 하는데, 이분들 역시 전체 학교 공동체의 중요한 일원이다.
136 처음 8개의 에베레스트 원정대는 영국 사람이었으며, 그들은 북쪽, 즉 티베트 쪽으로부터 등반을 시도했다.
137 식이섬유는 콜레스테롤과 혈당량을 낮추는 것을 도와주는데, 이는 심장질환과 당뇨병의 위험을 줄여준다.

41 관계대명사의 생략

```
┌─────────────┐        목적격 관계대명사        ┌─────────────────┐
│   선행사    │                               │  주어 + 타동사   │
└─────────────┘                               └─────────────────┘
                                              ┌─────────────────────┐
                                              │ 주어 + 자동사 + 전치사 │
                                              └─────────────────────┘

┌─────────────┐   주격 관계대명사 + be        ┌─────────────────┐
│   선행사    │                               │  분사(형용사)    │
└─────────────┘                               └─────────────────┘
```

· With Mom, *everything* **(that)** she touched turned to gold. 2004 학년도 수능

· A bicycle is *a two-wheeled steerable machine* **(that is)** pedaled by the rider's feet. 2008학년도 6월

> **● 관계대명사의 생략 ●**
>
> · 타동사 또는 전치사의 목적어로 쓰인 관계대명사는 생략할 수 있다.
>   단, 전치사의 목적어이면서 전치사 바로 뒤에 관계대명사가 올 때는 생략하지
>   않는다.
> · '주격 관계대명사 + be 동사'는 생략할 수 있다.
> · 비제한적 용법으로 쓰인 관계대명사는 생략하지 않는다.

138 *The first thing* **(that)** I notice upon entering this garden is that the ankle-high grass is greener than that on the other side of the fence. 2008학년도 수능

139 Researchers studied *two mobile phone companies* **(which were)** trying to solve a technological problem. 2012학년도 수능

140 We all accept that *people* **(who are)** incapable of reasoned thought cannot be held morally responsible for their actions. 2011학년도 9월

 해석
· 엄마에게는, 그녀가 만진 모든 것이 황금으로 변했다.
· 자전거는 운전자의 발로 페달을 밟는, 2개의 바퀴가 있는 조종할 수 있는 기계이다.
138 이 정원에 들어서자마자 내가 주목한 첫 번째 것은 발목 높이의 풀이 담장 건너편의 것보다 더 푸르다는 것이다.
139 연구원들은 기술적인 문제를 해결하려고 애쓰는 두 개의 휴대 전화 회사를 연구했다.
140 우리 모두는 이성적인 사고를 할 수 없는 사람들은 그들의 행동에 대해서 도덕적으로 책임질 수 없다는 것을 받아들인다.

관계대명사를 품은 명사 what

선행사	격	주격	소유격	목적격
포함되어 있음		what	x	what

- We do not need to be creative for most of **what we do**. 2011학년도 6월
- Egyptians developed **what were probably the first balls**. 2008학년도 수능

> ● **관계대명사를 품은 명사 what(= 선행사를 포함한 관계대명사 what)** ●
>
> · what은 the thing(s) which(that) 정도의 의미로 명사절(주어, 목적어, 보어)을 이끈다.

141 **What has been preserved of their work** belongs among the most precious possessions of mankind. 2006학년도 수능

142 If you see things through your camera lens that distract from **what you are trying to say**, get rid of them. 2006학년도 수능

143 The process of alternately producing and relieving tension was **what made the activity stimulating**. 2010학년도 수능

 · 우리는 우리가 하는 대부분의 것에 대해서 창의적일 필요는 없다.
· 이집트인들은 아마도 최초의 공인 것들을 개발했다.
141 그들의 작품으로부터 보존되어져 온 것은 인류의 가장 소중한 자산들 중에 속해 있다.
142 만일 네가 카메라 렌즈를 통해서 네가 말하고자 하는 것으로부터 주의를 흩뜨리는 것들을 본다면, 그것들을 제거해라.
143 번갈아가면서 긴장을 만들고 해소시키는 과정이 이 활동을 자극적인 것으로 만드는 것이다.

43 복합관계대명사의 용법

복합관계대명사	명사절	양보의 부사절
whoever	anyone who - -하는 사람은 누구나	no matter who - 누가 -일[할]지라도
whomever	anyone whom - -은 누구를, 누구에게	no matter whom - 누구를 -할지라도
whichever	anything that - -하는 것은 어느 것(쪽)이든	no matter which - 어느 것을[이] -할지라도
whatever	anything that - -하는 것은 무엇이나	no matter what - 무엇을[이] -할지라도

⊙ 복합관계대명사의 용법 ⊙

· 복합관계대명사는 '관계대명사 + ever'의 형태로, 명사절 또는 양보의 부사절을
  이끈다.

144 **Whoever loves money** never has enough; **whoever loves wealth** is never
satisfied with his income.

145 Remember this: **Whoever sows sparingly** will also reap sparingly, and
whoever sows generously will also reap generously.

146 **Whatever becomes a work of art of any kind** does so as a result of an act
of creation. 2010학년도 6월

147 Mom told us that we always had to do our best in **whatever** we did.
2007학년도 수능

해석 144 돈을 사랑하는 사람은 절대로 충분히 가질 수 없다. 부를 사랑하는 사람은 절대 그의 소득에 만족하지 못한다.
145 이것을 기억해라. 적게 뿌린 사람은 누구든지 적게 거둘 것이고 많이 뿌린 사람은 누구든지 많이 거둘 것이다.
146 어떤 종류의 예술작품이 되는 것은 무엇이든지 창조 행위의 결과로 그렇게 된다.
147 엄마는 우리에게 우리가 하는 어떤 일에서든 항상 최선을 다해야 한다고 말씀하셨다.

✻ that의 모든 것 ✻

1 **지시대명사**
The digestive system of the goat is different from <u>that</u> of the sheep or the cow.

2 **지시형용사**
Later <u>that</u> day, my manager called me into her office.

3 **지시부사**
I can't walk <u>that</u> far.

4 **관계대명사(= 형용사절을 이끄는 종속접속사)**
① 주격
He contracted a strange illness <u>that</u> confined him to well-heated rooms for the rest of his life.

② 목적격
The first thing <u>(that)</u> I notice upon entering this garden is that the ankle-high grass is greener than that on the other side of the fence.

5 **명사절을 이끄는 종속접속사**
① 주어
It is possible <u>that</u> he has not received the letter.

② 목적어
Aristotle thought <u>that</u> moving objects kept moving only if something kept pushing them.

③ 보어
One reason apologies fail is <u>that</u> the "offender" and the "victim" usually see the event differently.

④ 동격

What disturbs me is the idea <u>that</u> good behavior must be reinforced with incentives.

> **cf.**
>
> I know nothing about him <u>except that</u> he lives next door.
> Men differ from animals <u>in that</u> they can think and talk.
> that절을 목적어로 취하는 전치사는 except, in 뿐이다.
>   * 관계대명사가 아니다.

> **cf.**
>
> Do you know the motive in <u>that</u> Russian composition they are playing?

6 부사절을 이끄는 종속접속사

① Bob is <u>such</u> a nice person <u>that</u> everybody likes him.

② Jeremy became <u>so</u> stressed <u>that</u> he even dreaded going into his classroom.

③ I have been working hard <u>so that</u> my family <u>can</u> enjoy an easy and convenient life.

④ However, <u>now (that)</u> the economy is characterized more by the exchange of information than by hard goods, geographical centrality has been replaced by attempts to create a sense of cultural centrality.

44 관계부사의 용법

선행사	시간	장소	방법	이유
관계부사	when = at[on, in] which	where = in[at, on] which	how = in which, that	why = for which

● 관계부사의 용법 ●

- 관계부사는 접속사의 역할과 부사(구)의 역할을 함께 하는 것으로 형용사절을 이끈다.
- 관계부사 뒤에는 부사(구)가 빠진 문장이 나온다.
- 관계부사의 선행사 place, time[day], reason은 흔히 생략된다.
- 관계부사 how의 경우, 선행사(the way)와 함께 사용되지 않으며, how와 선행사 중 하나를 반드시 생략한다.
- 관계부사도 제한적 용법과 비제한적 용법이 있다.

148 Habitat diversity refers to the variety of places **where** life exists. 2011학년도 수능

149 One reason **why** the definitions of words have changed over time is simply because of their misuse. 2012학년도 9월

150 The glass doesn't change the wine itself, but rather **the way (in which)** we smell and taste it. 2009학년도 6월

해석 148 서식지 다양성은 생명이 존재하는 다양한 장소들을 가리킨다.
149 단어들의 정의가 시간이 지남에 따라 변하는 한 가지 이유는 그저 그것들의 잘못된 사용 때문이다.
150 유리잔은 와인 그 자체를 변화시키지는 못하지만 우리가 그것의 향을 맡고 맛을 보는 방식은 변화시킨다.

130   VI 문장을 길고 복잡하게 만드는 深深한 문법

45 복합관계부사의 용법

복합관계부사	시간·장소의 부사절	양보의 부사절
whenever	any time when - -할 때는 언제나	no matter when - 언제 -할지라도
wherever	any place where - -하는 곳은 어디나	no matter where - 어디에서(로) -할지라도
however	-	no matter how - 아무리 -일지라도 어떻게 -할지라도

◉ 복합관계부사의 용법 ◉

· 복합관계부사는 '관계부사 + ever'의 형태로 시간·장소의 부사절 또는 양보의
부사절을 이끈다.

151 I started carrying a pencil with me **wherever** I went. 2005학년도 수능

152 We should be ready to fight for the right to tell the truth **whenever** it is
threatened. 2002학년도 수능

153 **No matter how** good your product is, remember that perfection of an existing
product is not necessarily the best investment one can make.
2011학년도 수능

---

 151 나는 내가 가는 곳마다 연필을 가지고 다니기 시작했다.
152 우리는 진실을 말할 권리가 위협받을 때마다 그것을 위해 싸울 준비가 되어야 한다.
153 너의 제품이 아무리 좋아도 현존하는 제품을 완벽하게 하는 것이 반드시 할 수 있는 최고의 투자는 아니라는 것
을 기억해라.

How / However의 모든 것

부사 family(부사, 부사구, 부사절)는 문장에서 동사, 형용사, 부사, 문장을 수식한다.

1 의문부사
· How old are you?
· How many marbles are there?
· How much did you drink last night?
· How can you make your child creative?

1⁻¹ 간접의문문
· Do you know how old she is?
· Eating quickly while performing other tasks prevents us from realizing how much we are eating.
· Mr. Brown asked the students to guess how many marbles there were.
· This is how he solved the problem. (관계부사로 볼 수도 있다.)

2 복합관계부사(양보의 부사절을 이끈다. 주절 뒤로 보내도 된다.)
· However fast you run, you cannot outrun me.
· However qualified a person may be, he will not be able to make the best use of his qualifications without concentration.
· However we may go, we must get there by six.

3 감탄문
· How lucky I am to have friends like you in my life!
· How (surprisingly) well she dances!
· How he snores!

4 접속부사
· However, some modern linguists argue that grammars should describe the actual usage of the language.

✳ What / Whatever의 모든 것 ✳

명사 family(명사, 대명사, 명사구, 명사절)는 하나의 절 안에서 주어, 목적어, 보어로 쓰인다.

1 의문대명사

· What is your name?
· What is so special about walking in the woods or resting in bed?
· What had I done to Uncle Joe, the man who had raised me for twenty years?

1⁻¹ 의문형용사(한정사)

· What route is probably the fastest?
· What kind of world will our children have to live in?
· What kind of world will 2025 be?

1⁻² 간접의문

· Now I know what it is like to live in paradise.(← What is it like to live in paradise?)
· I asked her what her name was. (← I said to her, "What is your name?")

2 관계대명사

· What is considered a status symbol will differ among countries.
· What they found was those born in the autumn were nearly 30% more likely to get asthma.
· This is exactly what I wanted.

2⁻¹ 관계형용사

· I can solve what problems you have.
· He gave me what (little) money he had.

3 복합관계대명사(양보절)
· Whatever you say, I won't believe you.
· Whatever happens, I won't be disappointed.

4 복합관계대명사(명사절)
· Whatever happens to her doesn't matter to me at all.
· Whatever you do is fine with me.
· You can take whatever you like.
· You must report whatever happens to her to me right away.

5 복합관계형용사(한정사)
· Whatever problems you have, you can always come to me for help.
· To play 'time machine' all you have to do is to imagine that whatever circumstance you are dealing with is not happening right now but a year from now.

6 감탄문
· What a lovely dress!
· What a beauty she is!

A 아래의 영영사전 풀이를 읽고, 이에 해당하는 단어를 쓰시오.

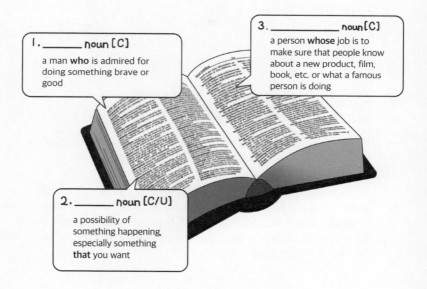

1. _____ noun [C]

a man **who** is admired for doing something brave or good

3. _____ noun [C]

a person **whose** job is to make sure that people know about a new product, film, book, etc. or what a famous person is doing

2. _____ noun [C/U]

a possibility of something happening, especially something **that** you want

B 네모 안에서 어법에 맞는 표현을 고르시오.
밑줄 친 표현이 어법에 맞는지를 판단하고 필요하면 어법에 맞게 고치시오.

❶ Many remained in California to work and settle as ordinary citizens without the riches who / they had dreamed of.

❷   When foreigners are sometimes asked what seems most strange about American society, somewhere on the top of the list will be the fact what / that the average citizen is allowed to possess guns.

❸   Among all these soldiers there were seven hundred chosen men <u>who</u> were left-handed, each of them / whom could sling a stone at a hair and not miss.

❹   Over the years it has led to a heated moral debate concerning the point which / at which a fetus in a woman's womb becomes a person. Most church groups have taken a firm opposition to abortion while some sociologists have been more tolerant of the practice.

❺   The mirror belief began thousands of years ago, when / which man thought that his image was part of him. He also believed that what / which happened to his image in the mirror would happen to him.

❻   So imprudent are we that we wander about in times <u>that</u> are not ours, and do not think of the one that belongs to us.

❼   (Whatever / However) the man called each living thing, <u>that</u> became its name.

❽   (How / However) dark the economic picture may be, it can be a chance for you!

❾   Livestock breeders would selectively breed only those animals (which / of which) they thought would be most likely to produce polled offspring.

❿   He needs to determine (how / what) the weather will probably be like and bring appropriate clothes.

⓫   If a picture is worth a thousand words, then a picture (which / in which) evokes our precious memories is also worth a thousand hours of memories and conversations to us.

⑫ A recent study of 1,000 people in the United States found that people earning $1,000 or less a month were reported slightly happier than those who / whose monthly income exceeded $4,000.

⑬ People who wander around the streets with spray paint stuffed in their pockets and write their names whomever / wherever they can are called "taggers."

⑭ They don't ask for help from people they / who do not know well.

⑮ The Environmental Research laboratory at the University of Arizona is one of the places where / that designs biospheres which could be used to colonize other planets.

⑯ Start reading from where / which you left off last time.

⑰ Ask yourself, what are you proud of <u>that</u> you've achieved, and what do you wish you had done?

⑱ One of the most widely acclaimed movies where / which he has starred is *3 Idiots*.

⑲ Photography allowed people to see places where / which they would not otherwise have been able to see.

⑳ The object of skimming is to get an overview of how / what the writer is presenting the material and to form a general idea of the main point of the text.

㉑ Once your children learn the joy of solitude, it'll be a gift they / which can carry with them throughout their lives.

㉒   A status symbol is something, usually an expensive or rare object, what / that indicates a high social status for its owner.

㉓   You have to choose which of the many possible uses which you could put the same materials or the same time is the one you prefer.

㉔   Stop doing whatever / however you are doing and look up at the person who wants your attention.

㉕   He that has once done you a kindness will be more ready to do you another than he whom you yourself have obliged.

㉖   The information technology capacity and the extent which workers who possess the knowledge and skills to be competitive in a global sense are connected to the new media will enhance their recruitment.

㉗ Since having enough money does not mean being at a limit <u>which</u> more money would necessarily be undesirable, it would be a mistake to assume that for a person who already has enough the marginal utility of money must be either negative or zero.

㉘ A lock is a section of canal or river with a gate at either end, <u>in that</u> the water level can be changed so that boats can move from one level of the canal or river to another.

㉙ In the fall, bears feast on beechnuts and acorns, putting on extra fat for the coming winter, when / which they spend sleeping in their dens.

㉚ Many of our most successful men, had they been able to choose for themselves, would have selected some quite different profession from that <u>in which</u> they have made their fortunes.

A

○			
1 hero	2 chance	3 publicist	

❶   hero

....

명사[C] 용감한 일 또는 선한 일을 해서
존경받는 남자

❷   chance

....

어떤 일, 특히 당신이 원하는 어떤 일이 일
어날 가능성

❸   publicist

....

사람들이 새로운 제품, 영화, 책 등이나 유
명인이 하는 일을 알도록 하는 것이 직업
인 사람

B

1 they	9 which	17 OK	25 OK, OK
2 that	10 what	18 where	26 to which
3 OK, whom	11 which	19 which	27 beyond which
4 at which	12 whose	20 how	28 in which
5 when, what	13 wherever	21 they	29 which
6 OK	14 they	22 that	30 OK
7 Whatever, OK	15 that	23 to which	
8 However	16 where	24 whatever	

❶   they

....

해석   많은 사람들은 그들이 꿈꿨던 부를 얻지
못하고 평범한 시민으로서 일하고 정착하
기 위해서 California에 머물렀다.

풀이   선행사가 the riches이고 전치사 of의 목
적어가 필요하므로 the riches 뒤에 목적
격 관계대명사 that(which)이 와야 하는
데, 생략된 형태이므로 they를 써야 한다.

❷ that

해석 외국인들이 이따금씩 미국 사회에서 무엇이 가장 낯설게 보이냐는 질문을 받을 때, 그 (대답) 목록의 상위 어딘가에는 보통의 시민들이 총기를 소지하도록 허락된다는 사실이 있을 것이다.

풀이 the fact와 동격을 이루는 접속사 that이 필요하다. 뒤의 문장에서 빠져나온 대명사가 없으므로 관계대명사를 쓸 수 없다.

❸ OK, whom

해석 이 모든 병사들 가운데는 왼손잡이인 700명의 선택된 남자들이 있었는데, 그들 각각은 무릿매로 돌을 던져 머리카락도 맞힐 수 있었다.

풀이 who는 주격 관계대명사로 선행사는 seven hundred chosen men이다. 그 뒤에는 접속사가 없으므로 관계대명사를 써야 하고 each of whom이 주어 역할을 한다.

❹ at which

해석 수년 간에 걸쳐서 인간의 생명이라는 문제는 여성의 자궁 안에서 태아가 인간이 되는 시점에 관한 뜨거운 도덕적 논쟁을 야기해왔다. 일부 사회학자들은 낙태에 대해서 좀 더 관용적이었던 반면에 대부분의 교회들은 낙태에 대해서 강한 반대 입장을 취해왔다.

풀이 네모 뒤의 문장에서 빠져 나온 대명사가 없으므로 관계부사 또는 '전치사 + 관계대명사'가 필요하다.

❺ when, what

해석 거울 미신은 수천 년 전에 시작되었는데, 그 때 인간은 그의 이미지가 그의 일부라고 믿었다. 그는 또한 거울 속의 그의 이미지에 생긴 일은 그에게 일어날 것이라고 믿었다.

풀이 네모 뒤의 문장이 완전한 문장이므로 관계부사가 필요하다. happened의 주어가 필요하고 that절의 주어가 필요하므로 선행사를 포함한 관계대명사 what을 써야 한다.

❻ OK

해석 우리는 너무나 경솔해서 우리의 것이 아닌 시간 속에서 방황하고 우리에게 속한 유일한 시간에 대해 생각하지 않는다.

풀이 선행사는 times이고 are의 주어가 필요하므로 주격 관계대명사를 써야 한다.

❼ Whatever, OK

해석 그 남자가 각각의 생물을 부른 것은 무엇이든지 그것이 그 이름이 되었다.

풀이 call은 5형식 동사이므로 목적격 보어가 필요하다. 따라서 선행사를 포함한 관계대명사 Whatever를 써야한다. that은 지시대명사로 앞 문장 전체를 지칭한다. 관계대명사로 착각하지 않도록 유의해야 한다.

❽ However

| 해석 | 아무리 경제 상황이 암울하다고 하더라도, 그것은 당신을 위한 기회가 될 수 있다. |
| 풀이 | 양보의 부사절이 필요하므로 복합관계부사 However를 써야 한다. How절은 명사절(의문사절)로 문장에서 주어, 목적어, 보어 역할을 한다. |

❾ which

| 해석 | 가축 사육자들은 그들이 생각하기에 뿔이 없는 새끼를 가장 낳기 쉬운 동물들만을 선택적으로 번식시킬 것이다. |
| 풀이 | they thought는 삽입절이고 would의 주어가 필요하고 선행사 those animals가 있으므로 주격 관계대명사 which를 써야 한다. |

❿ what

| 해석 | 그는 날씨가 어떠할지를 판단하고 적절한 옷을 가지고 올 필요가 있다. |
| 풀이 | like의 목적어가 필요하므로 선행사를 포함한 관계대명사 what을 써야 한다. |

⓫ which

| 해석 | 만일 한 장의 사진이 천 마디 말의 가치가 있다면, 우리의 소중한 추억을 불러일으키는 한 장의 사진은 또한 우리들에게 천 시간의 추억과 대화의 가치가 있다. |
| 풀이 | 선행사가 a picture이고 evokes의 주어가 필요하므로 주격 관계대명사 which를 써야 한다. |

⓬ whose

| 해석 | 미국인 1,000명을 대상으로 한 한 연구는 월 1,000달러 미만을 버는 사람들은 월 소득이 4,000 달러를 초과하는 사람들보다 약간 더 행복하다고 보고된다는 것을 발견했다. |
| 풀이 | 선행사는 those이고 monthly income을 수식하는 말이 필요하므로 소유격 관계대명사 whose를 써야 한다. |

⓭ wherever

| 해석 | 주머니에 스프레이 페인트를 넣은 채 도로를 배회하며 이름을 쓸 수 있는 아무 곳이나 그들의 이름을 쓰는 사람들은 "낙서 예술가들"로 불린다. |
| 풀이 | they can 뒤에는 write their name이 생략되었으며, 문맥상 양보절이 필요하므로 wherever를 써야 한다. |

⓮ they

| 해석 | 그들은 잘 모르는 사람들에게 도움을 청하지 않는다. |
| 풀이 | 선행사가 people이고 목적격 관계대명사 whom이 생략된 것이므로 they를 써야 한다. |

⓯ that

| 해석 | Arizona 대학교의 환경 연구소는 다른 행 |

성들을 식민지로 만들기 위해서 사용될 수 있는 생물권을 디자인하는 장소들 중 하나이다.

풀이 선행사가 places이고 design의 주어가 필요하므로 주격 관계대명사 that을 써야 한다. 장소를 나타내는 말이 선행사라고 해서 무조건 관계부사 where를 쓰지 않도록 유의해야 한다.

⑯ where

해석 지난번에 끝낸 곳부터 읽어라.

풀이 from 뒤에 선행사 the place가 생략되어 있으며, where절은 from의 목적어가 된다. leave off는 자동사로 '그만두다'의 의미가 있다.

⑰ OK

해석 네가 성취한 무엇이 자랑스러운지, 그리고 무엇을 했더라면 하고 바라는지 자문해봐라.

풀이 의문대명사 what이 목적격 관계대명사 that의 선행사가 된다. 전치사 뒤에는 무조건 관계대명사 that을 쓸 수 없다고 기계적으로 암기하지 않도록 유의해야 한다.

⑱ where

해석 그가 주연한 가장 널리 칭송받는 영화들 중 하나는 '세 얼간이들'이다.

풀이 star는 자동사로 '주역을 맡다'의 의미이다.

네모 뒤에서 빠져나온 대명사가 없으므로 관계부사 where를 써야 한다.

⑲ which

해석 사진술은 사람들로 하여금 다른 방법으로는 볼 수 없었던 장소들을 보는 것을 가능하게 했다.

풀이 선행사가 places이고 see의 목적어가 필요하므로 목적격 관계대명사 which가 필요하다.

⑳ how

해석 훑어 읽기의 목적은 어떻게 작가가 자료를 제시하고 있는지를 개관하고 텍스트의 요지에 대한 전반적인 생각을 만들기 위한 것이다.

풀이 네모 뒤의 문장에서 대명사가 빠져 나오지 않았으므로 부사가 필요하다. how절 이하는 명사절로 of의 목적어가 된다.

㉑ they

해석 일단 당신의 자녀가 고독의 즐거움을 배우게 되면, 그것은 그들이 평생 동안 지닐 수 있는 선물이 될 것이다.

풀이 선행사가 a gift이고 자녀들이 그것을 지니게 되는 것이므로 can carry의 주어 they를 써야 한다. a gift와 they 사이에는 목적격 관계대명사 that(which)이 생략되어 있다.

㉒ that

해석 지위 상징은 그 소유주의 높은 사회적 지위를 보여주는 대개는 비싸거나 희귀한 물건이다.

풀이 선행사 something이 있고 indicates의 주어가 필요하므로 주격 관계대명사 that이 필요하다. 'usually an expensive or rare object'는 삽입구이며, 관계대명사 that 앞에 무조건 콤마가 없어야 하는 것은 아니라는 점에 유의해야 한다.

㉓ to which

해석 너는 동일한 재료나 시간을 이용할 수 있는 많은 가능한 용도들 중에서 어떤 것이 네가 선호하는 것인지를 선택해야만 한다.

풀이 'put something to use'은 '-을 이용하다'의 의미로 which 앞에 전치사 to가 필요하며, 선행사는 the many possible uses가 된다. which 이하는 간접의문문으로 choose의 목적어가 된다.

㉔ whatever

해석 네가 하고 있는 무엇이든지 중단하고 너의 관심을 받고 싶어 하는 사람을 쳐다봐라.

풀이 doing의 목적어가 필요하므로 복합관계대명사 whatever를 써야 한다. 명사절 whatever you are doing은 Stop doing의 목적어가 된다.

㉕ OK, OK

해석 한때 당신에게 친절함을 베풀었던 사람은 당신 자신이 친절을 베풀었던 사람보다 더 기꺼이 당신에게 또 다른 친절을 베풀 것이다.

풀이 that은 주격관계대명사로 선행사는 He가 되며, whom은 목적격 관계대명사로 선행사는 그 앞의 he가 되며 obliged의 목적어가 된다.

㉖ to which

해석 정보 기술 능력과 세계적인 의미에서 경쟁력 있는 지식과 기술을 가지고 있는 노동자들이 새로운 대중 매체에 연결되는 정도가 신규 모집을 늘릴 것이다.

풀이 which 이하의 문장에서 선행사 the extent가 빠져 나온 곳이 없으므로(격이 없으므로) which 앞에는 전치사 to가 필요하다. 'to the extent'는 '-의 한도까지'의 의미이다.

㉗ beyond which

해석 충분한 돈을 갖고 있다는 것은 그것을 넘어서면 더 많은 돈이 반드시 바람직하지 않게 되는 그 한계에 있다는 것을 의미하지는 않기 때문에 이미 충분한 돈을 가지고 있는 사람에게 돈의 한계 효용이 틀림없이 마이너스거나 0이라 가정하는 것은 실수일 것이다.

풀이 which 이하의 문장에서 a limit가 빠져 나온 곳이 없으므로(격이 없으므로) which 앞에는 전치사 beyond가 필요하다.

로 부사구 in which가 잘 쓰였다. which 의 선행사는 that(= the profession)이다.

❷❽　in which

　　　　　...

해석　갑문은 양쪽 끝에 수문이 있는 강 또는 운하의 일부로 그 안에서 물의 수위가 변해서 배가 운하나 강의 한 쪽에서 다른 한 쪽으로 이동할 수 있다.

풀이　'in that-'은 '-라는 점에서'라는 의미이다. 갑문 안에서 물의 높이가 변하는 것이므로 전치사 in의 목적어로 관계대명사 which 를 써야 한다.

❷❾　which

　　　　　...

해석　가을에 곰들은 너도밤나무열매와 도토리를 먹어 다가오는 겨울을 위해 여분의 지방을 축적시키는데, 굴속에서 잠자면서 겨울을 보낸다.

풀이　spend의 목적어가 필요하므로 관계대명사를 써야 한다. 선행사가 '시간'을 나타낸다고 해서 무조건 관계부사를 쓰지 않도록 주의해야 한다.

❸⓿　OK

　　　　　...

해석　우리의 가장 성공한 사람들 중에서 많은 사람들은 만일 그들 스스로 선택할 수 있었다면 그들이 많은 돈을 벌었던 그 직업과는 아주 다른 직업을 선택했을 것이다.

풀이　in which 이하의 문장이 완전한 문장이므

-ing ~, S + V | -ed ~, S + V

- Marking the Nepal-Tibet border, Everest looms as a three-sided pyramid of gleaming ice and dark rock. 2012학년도 수능
- Located 1,100 feet above the tiny coastal town of Amalfi, Ravello has been described as closer to heaven than to the sea. 2008학년도 수능

● 분사 구문 ●

- 종속절의 접속사와 주어를 생략하고, 남아있는 동사를 분사로 고쳐서 부사구로 만드는 것을 분사 구문이라고 한다. 분사 구문에서 being(having been)은 생략할 수 있다.
- 등위접속사 and로 연결되는 어느 하나의 절을 분사 구문으로 만들 수 있다.
  부대상황, 동시동작
- 주절과 종속절이 나타내는 시간이 같을 경우에는 단순분사 구문을, 종속절이 나타내는 시간이 주절이 나타내는 시간보다 앞설 때는 완료분사 구문(having p.p.)을 쓴다.

🖉 **분사 구문** 시간, 이유, 조건, 양보, 계속, 부대상황(동시동작)의 의미를 나타낸다.
분사 구문은 부사구이므로 주절의 앞 또는 뒤에 위치할 수 있다.

---

154 Selecting and assembling scenes, film editors **cut out** parts that don't fit in well. 2006학년도 수능

155 Situated at an elevation of 1,350m, the city of Kathmandu **enjoys** a warm climate year-round. 2005학년도 수능

156 While awaiting the birth of a new baby, North American parents typically **furnish** a room as the infant's sleeping quarters. 2010학년도 수능

해석
- 네팔과 티베트 사이의 경계가 되는 에베레스트는 빛나는 얼음과 짙은 색의 바위로 이루어진 세 개의 면을 가진 피라미드의 형태로 솟아 있다.
- Amalfi의 작은 해안 도시의 1,100 피트 위에 위치해 있으면서, Ravello는 바다보다는 하늘에 더 가까운 것으로 묘사되어 있다.
- 154 장면을 선택하고 연결하면서 영화 편집자들은 잘 맞지 않는 부분들을 삭제한다.
- 155 해발 1,350m에 위치하고 있는 Kathmandu 시에서는 연중 따뜻한 기후를 즐길 수 있다.
- 156 신생아의 탄생을 기다리는 동안에 북미의 부모들은 전형적으로 아기가 잠잘 방을 준비한다.

S₁ + V ~, S₂ + ~ing / -ed ~

· The making of this requires the mutual agreement of two or more persons or parties, <u>one of them</u> ordinarily making an offer and another accepting.
2010학년도 수능

· The aircar was in the middle of the storm, jumping and swinging in the darkness, <u>the rain</u> crashing down on the windows with incredible violence.
2008학년도 수능

● 독립분사 구문 ●

· 접속사 + S₁ + V ~, S₂ + V ~
  → S₁ + ~ing ~, S₂ + V ~
· 종속절의 주어와 주절의 주어가 다를 경우, 주어를 남겨둔 채 분사 구문을 만든다.

✎ 분사 구문의 의미상 주어가 일반 주어(we, you, they, one)인 경우에는 의미상 주어를 생략할 수 있는데, 이를 비인칭 독립분사 구문이라고 한다.

---

157 There are a variety of cries, with different strengths and rhythms, <u>all of them</u> sending different messages.

158 There is no significant difference between the melting temperatures of gold and copper, <u>gold</u> melting at a very slightly higher temperature than copper.

159 Known as the Golden City, Jaisalmer, a former caravan center on the route to the Khyber Pass, rises from a sea of sand, <u>its 30-foot-high walls and medieval sandstone fort</u> sheltering palaces that soar into the sapphire sky.
2011학년도 6월

 이것을 만드는 것은 둘 이상의 사람이나 단체의 상호 합의를 필요로 하는데, 보통 한 쪽이 제안을 하고 다른 쪽이 수락을 하게 된다.
· 비행선은 어둠 속에서 상하좌우로 요동치며 폭풍우의 한복판에 있었고, 비가 엄청난 속도로 창문을 때렸다.
157 다른 강도와 리듬의 다양한 울음소리가 있는데, 이 모든 것들은 다른 메시지를 보낸다.
158 금과 구리가 녹는 온도 사이에는 큰 차이는 없는데 금은 구리보다 약간 더 높은 온도에서 녹는다.
159 Khyber 고개로 가는 길에 있는 이전의 대상의 중심지였던, 황금 도시로 알려진 Jaisalmer는 모래의 바다로부터 솟아나 있고, 그 30피트 높이의 성벽과 중세의 사암으로 된 요새는 사파이어 빛 하늘로 솟아오른 궁전을 보호하고 있다.

48 with + (대)명사 + 보어

· **With** its magnificent castles **overlooking** the river and a rich history of wine making, one might expect it to be one of the most visited cities in the world.
2009학년도 9월 평가원

· The notebook was a black and red hardcover book **with** the word 'Record' neatly **engraved** in gold on the cover. 2012학년도 수능

◉ with + (대)명사 + 보어 구문 ◉

· "with + (대)명사 + 보어"는 동시동작 또는 부대상황을 나타낸다.
· 보어로는 형용사, 현재분사, 과거분사, 부사(구)가 쓰인다.

---

160 There were also a couple of banks, a very large police station **with** its paint **peeling** off, and a weather-beaten post office **with** a row of telephone booths **in front**. 2009학년도 9월

161 She said nothing for at least five minutes, just sitting there **with** her eyes **closed** and her hands **clenched** into fists.

162 **With** her eyes **shining**, she flew out of the room and down the stairs to the street.

· 강이 내려다보이는 장엄한 성들과 포도주 제조의 풍부한 역사를 가지고 있어서 사람들은 그곳이 세계에서 가장 많이 방문되는 곳 중의 하나라고 예상할 수 있다.

· 그 공책은 검고 붉은 딱딱한 표지로 된 책이었는데, 그 표지에는 'Record'라는 단어가 금빛으로 깔끔하게 새겨져 있었다.

160 또한 몇 개의 은행과 페인트가 벗겨진 아주 큰 경찰서, 그리고 앞쪽에 공중전화 부스가 줄지어 있는 비바람에 바랜 우체국이 있었다.

161 그녀는 적어도 5분 동안 아무 말도 하지 않았고, 눈을 감고 손을 불끈 쥔 채 그저 거기에 앉아 있었다.

162 그녀는 눈물 맺힌 눈으로 방문을 나와 층계를 내려와 거리로 나섰다.

박스 안에서 어법에 맞는 표현을 고르시오.
밑줄 친 표현이 어법에 맞는지를 판단하고 필요하면 어법에 맞게 고치시오.

❶　　Giving / Given　the choice of two young people to hire for the same salary, ninety-nine out of one hundred employers will pick a college graduate.

❷　Centuries ago, no precise, computer-generating / computer-generated maps existed.

❸　Knocking / Knocked on the kitchen window, I beckoned to my wife.

❹　There are about thirty species of rattlesnakes, the most dangerous being / is the eastern diamondback rattlesnake found mostly in the mountains. If a person is bitten by a rattlesnake, an intense burning pain will occur within five minutes.

❺　There are millions of earthquakes each year, range on average from 18 major quakes annually to more than 2 million minor ones that are barely felt.

6 Halls Creek, (situating / situated) 288km from Fitzroy, sits on the edge of the Great Sandy Desert.

7 Teaser ads refer to brief advertisements <u>designing</u> to tease the public by offering only bits of hints without apparent information.

8 He had spent his whole life <u>engaged</u> in making films.

9 British laboratory tests confirmed the virus (detecting / detected) in wild birds was the H5N1 strain, identical to that in Turkey a week ago.

10 Good managers are willing to reach out a helping hand to an employee (faced / facing) an emotional or a financial problem not directly related to work.

⑪ Just ahead of me in line at the movie theater was a woman with a cell phone glued to her ear, <u>argued</u> with the ticket vendor.

⑫ There <u>being</u> no further discussions, the meeting adjourned.

⑬ The Thai government had cut the number of agencies involving / involved in water management to three.

⑭ From 1998, the percentage of non-elderly Americans without health insurance declined for the first time, <u>reaching</u> 15.6 percent in 2000.

⑮ With the older generation controlled / controlling so much of the world's money, it's hardly fair to dismiss senior citizens as an inevitable burden on society.

⓰ When not <u>conducted</u> properly, study group sessions can actually be disadvantageous.

⓱ A movie based on "Atlas Shrugged," <u>starring</u> Angelina Jolie, was released in 2008.

⓲ Mounted / Mounting on a plane flown at 3,000 feet at night, an infrared scanner measured the heat emitted by crops.

⓳ He was sitting in a chair, with his eyes <u>shut</u> and his mouth wide <u>open</u>.

⓴ After typing on his computer keyboard for hours a day over several months, it / he developed pain in his hands.

1　Given	6　situated	11　arguing	16　OK
2　computer-generated	7　designed	12　OK	17　OK
3　Knocking	8　OK(engaging)	13　involved	18　Mounted
4　being	9　detected	14　OK	19　OK, OK
5　ranging	10　facing	15　controlling	20　he

❶ Given

해석　같은 월급으로 두 명의 젊은이를 고용할 선택이 주어진다면 100명의 고용주들 중에서 99명은 대학교 졸업생을 선택할 것이다.

풀이　give는 수여동사로 the choice는 직접목적어가 된다. 선택(권)을 받게 되는 것이므로 수동의 의미가 있는 과거분사를 써야 한다.

❷ computer-generated

해석　몇 세기 전에는 정밀한 컴퓨터로 만든 지도가 존재하지 않았다.

풀이　컴퓨터에 의해서 만들어진 지도이므로 수동의 의미가 있는 과거분사를 써야 한다.

❸ Knocking

해석　주방 창문을 두드리면서 나는 아내에게 손짓을 했다.

풀이　분사구문의 주어가 I이고 창문을 두드리는 것이므로 능동의 의미가 있는 현재분사를 써야 한다.

❹ being

해석　대략 30종의 방울뱀이 있는데 가장 위험한 것은 대개 산악지대에서 발견되는, 등에 마름모무늬가 있는 방울뱀이다.

풀이　두 개의 절을 연결하는 접속사가 없으므로 분사구문으로 써야 한다. the most dangerous는 현재분사 being의 의미상 주어로 독립분사구문이다.

❺ ranging

해석　매년 수백만 건의 지진이 발생하는데 평균적으로 매년 18건의 대형 지진으로부터 거의 느껴지지 않는 2백만 건 이상의 지진에 이른다.

풀이　두 개의 절을 연결하는 접속사가 없으므로 분사구문이 되어야 하며, range는 자동사이므로 현재분사 ranging으로 써야 한다.

❻ situated

해석　Frizroy에서 288km 떨어진 곳에 위치한 Halls Creek은 Great Sandy 사막의 가장자리에 위치해 있다.

풀이　'-에 위치하다'의 의미를 나타낼 때는 과거분사 situated를 쓴다.

⑦　designed

해석　티저 광고는 명백한 정보 없이 단지 암시만을 제공함으로써 대중들을 놀리기 위해서 고안된 짧은 광고이다.

풀이　광고가 디자인하는 것이 아니라 디자인 되는 것이므로 수동의 의미가 있는 과거분사를 써야 한다.

⑧　OK(engaging도 가능)

해석　그는 영화를 제작하면서 평생을 바쳤다.

풀이　'engage oneself in -'이 수동태가 된 것이므로 과거분사 engaged를 써야 한다. engaged 앞에는 being이 생략된 것으로 볼 수 있다. 'spend + 시간 + -ing' 구문에는 자동사의 현재분사를 쓰거나 타동사의 경우에는 그 뒤에 목적어가 와야 한다.

⑨　detected

해석　영국의 실험실 시험은 야생 조류에게서 발견된 바이러스가 일주일 전 터키의 그것과 동일한 H5N1 변종임을 확인했다.

풀이　바이러스가 야생 조류에게서 발견된 것이므로 수동의 의미가 있는 과거분사를 써야 한다.

⑩　facing

해석　훌륭한 관리자들은 일과 직접적으로 관련이 없는 정서적인 또는 재정적인 문제에 직면한 종업원에게 기꺼이 도움의 손길을 내민다.

풀이　목적어 an emotional or a financial problem이 나오므로 능동의 의미가 있는 현재분사를 써야 한다.

⑪　arguing

해석　영화관의 바로 내 앞줄에 매표원과 실랑이를 벌이면서 휴대전화를 귀에 대고 있는 한 여자가 있었다.

풀이　argue의 주어가 a woman이므로 능동의 의미가 있는 현재분사가 되어야 한다.

⑫　OK

해석　더 이상의 토론이 없었기 때문에 회의는 휴회(休會)했다.

풀이　두 개의 절을 연결하는 접속사가 없으므로 분사구문을 써야 한다. 종속절과 주절의 주어가 다르므로 독립분사구문이 쓰였다.

⑬　involved

해석　태국 정부는 수자원 관리와 관련된 기관들의 숫자를 세 곳으로 줄였다.

풀이　agencies가 관련되어 있는 것이므로 수동의 의미가 있는 과거분사를 써야 한다.

⑭ OK

해석 1998년부터 건강보험이 없는 비노령 미국인의 비율이 처음으로 감소했으며 2000년에는 15.6%에 달했다.

풀이 reach의 주어는 the percentage가 되고, 15.6%에 도달하는 것이므로 능동의 의미가 있는 현재분사를 썼다.

⑮ controlling

해석 세계 자본의 많은 부분을 통제하는 노인 세대가 부상함에 따라 사회의 불가피한 부담인 양 노인들을 배제하는 것 온당치 않다.

풀이 the older generation이 통제를 하는 것이므로 능동의 의미가 있는 현재분사를 써야 한다.

⑯ OK

해석 적절히 수행되지 않을 때 스터디 그룹 모임은 실제로 유익하지 않을 수 있다.

풀이 study group session이 수행되는 것이므로 수동의 의미가 있는 과거분사를 써야 한다.

⑰ OK

해석 Angelina Jolie가 주연한 실화에 바탕을 둔 영화가 2008년에 개봉되었다.

풀이 목적어 Angelina Jolie가 있으므로 능동의 의미가 있는 현재분사를 썼다.

⑱ Mounted

해석 야간에 3,000 피트 상공의 비행기에 탑재된 적외선 스캐너는 작물에게서 발산되는 열을 측정했다.

풀이 an infrared scanner가 비행기 위에 탑재된 것이므로 수동의 의미가 있는 과거분사를 써야 한다.

⑲ OK, OK

해석 그는 눈을 감고, 입을 활짝 벌린 채 의자에 앉아있었다.

풀이 'with + (대)명사 + 보어' 구문으로, 눈이 '감겨진' 것이므로 과거분사 shut이 쓰였으며 open은 보어로 쓰인 형용사다.

⑳ he

해석 하루에 몇 시간씩 몇 달에 걸쳐 컴퓨터 자판을 친 후에 그는 손에 통증이 생겼다.

풀이 분사구문에서 주절의 주어와 부사절의 주어는 일치해야 하므로 typing의 주어가 될 수 있는 he를 써야 한다.

49 가정법 구문

종류	형식
가정법 과거	If S + 동사의 과거형(were) S + 조동사 과거형 + 동사원형
가정법 과거완료	If S + had p.p. S + 조동사 과거형 + have p.p.
가정법 과거의 특수한 형태	If S + were to + 동사원형 S + 조동사 과거형 + 동사원형
	If S + should + 동사원형 S + 조동사 과거형[현재형] + 동사원형
혼합 가정	If S + had p.p. S + 조동사 과거형 + 동사원형

● 가정법 구문 ●

· 가정법(문)은 말하는 사람의 내면의 심리 상태를 반영한 것으로 사실과 반대되는 가정, 상상, 소망, 후회, 아쉬움, 기대, 질책, 추측 등을 나타낸다. 가정법 과거는 현재에 관한 이야기이며, 가정법 과거완료는 과거에 대한 이야기이다.

 가정법 문장에서 If를 생략할 수 있으며, 이때 주어와 조동사(were, had, should)가 도치된다.

163 **If** Nature **provided** food and meat in abundance ready for the table, **you would thank** Nature for sparing you much labor and consider yourself so much the better off. 2011학년도 수능

164 Can you imagine what the world today **would be** like **if** Leonardo da Vinci **had become** a farmer or Wolfgang Amadeus Mozart a banker? 2008학년도 6월

165 **Had I taken** packaged tours **I never would have had** the eye-opening experiences that have added so much to my appreciation of human diversity. 2011년 9월

---

 163 만일 자연이 식탁에 차려질 음식과 고기를 충분히 제공한다면, 당신은 많은 노동을 덜어준 것에 대해 자연에 감사하고, 스스로 훨씬 더 낫다고 여길 것이다.
164 만일 Leonardo da Vinci가 농부가 되었거나 Wolfgang Amadeus Mozart가 은행원이 되었다면 오늘날의 세상이 어떤 모습일지를 상상할 수 있겠니?
165 만일 내가 패키지 여행을 갔었다면, 나는 인간의 다양성에 대한 나의 이해에 많은 보탬이 되었던 놀랄 만한 경험들을 결코 할 수 없었을 것이다.

50 insist that S + (should) + 동사원형

- It would be absurd to **suggest** that the government <u>support</u> great plumbers, dentists, or bankers. 2008학년도 6월

- A study **recommends** that babies <u>be</u> moved into their own room by three months of age. 2010학년도 수능

 가정법 현재

- (현재 이루어지지 않은 어떤 사항을) 요청, 명령, 요구, 주장, 제안, 권고하는 술어동사(ask, demand, insist, move, order, propose, recommend, request, require, suggest 등)가 이끄는 종속절에서 또는 그와 비슷한 의미의 형용사가 보어로 사용된 It is ⋯ that ~의 구문에서 '(should) + 동사원형'을 쓴다.

    (should) + 동사원형
    당위성을 나타내는 것이 아니라 단순히 사실을 전달할 때는 직설법을 쓴다.
    Evolutionary psychologists **have suggested** that the absence of any effective form of refrigeration **was** critical to our early moral development. 2011학년도 9월

166 We would like to **request** that you <u>stop</u> delivery to our home. 2011학년도 수능

167 He **insisted** that his son <u>go</u> to a special school for the gifted where he could develop his talent for mathematics. 2000학년도 수능

168 Since he was not able to pay, the master **ordered** that he and his wife and his children and all that he had <u>be</u> sold to repay the debt.

 해석
- 정부가 위대한 배관공, 치과의사, 은행원을 후원해야 한다고 제안하는 것은 불합리할 것이다.
- 한 연구는 아기들이 생후 3개월 즈음에는 그들만의 방으로 옮겨져야 한다고 권장한다.
166 저희는 귀사가 저희 집에 배달을 중단할 것을 요청하고 싶습니다.
167 그는 그의 아들이 수학 재능을 계발할 수 있는 영재들을 위한 특수학교에 가야 한다고 주장했다.
168 그가 돈을 지불할 수 없었기 때문에 주인은 그 빚을 갚기 위해서 그와, 그의 아내와, 그의 자식들 그리고 그가 가진 모든 것을 팔아야 한다고 명령했다.

51 가정법(기타)

가정법(기타)	
as if[though]	동사의 과거형(주절의 시간과 일치)
	had p.p.(주절의 시간보다 앞선 경우)
I wish	동사의 과거형(주절의 시간과 일치)
	had p.p.(주절의 시간보다 앞선 경우)
It's (high) time	동사의 과거형

● 가정법(기타) ●

· as if나 I wish 뒤에 가정법이 올 수 있다. as if 뒤에는 직설법도 쓸 수 있다. It is time 뒤에는 가정법 과거만을 쓰며, 이미 실행되었어야 하는 일이 아직 시작되지 않았을 때 이를 재촉하는 표현이다.

169 We feel **as if** the day they entered our school <u>were</u> yesterday, and now they will proudly receive their graduation certificates. 2008학년도 수능

170 Treat the problem **as if** you <u>have</u> never <u>seen</u> anything like it before.
2011학년도 수능

171 You feel light and happy **as though** you <u>are</u> sailing through life. 2005학년도 수능

172 Now when I hear a cheer from the audience after I sing, **I wish** Kathy <u>could hear</u> it, too. 2001학년도 수능

169 그들이 우리 학교에 입학한 것이 마치 어제처럼 느껴집니다. 이제 그들은 자랑스럽게 졸업장을 받게 될 것입니다.
170 문제들을 마치 전에 그와 같은 것을 본 적이 없는 것처럼 다뤄라.
171 너는 마치 인생이라는 바다를 항해하는 것처럼 가볍고 행복함을 느낀다.
172 지금 내가 노래를 한 후 청중으로부터 박수를 받을 때, 나는 Kathy 역시 그것을 들을 수 있으면 하고 바란다.

박스 안에서 어법에 맞는 표현을 고르시오.
　　밑줄 친 표현이 어법에 맞는지를 판단하고 필요하면 어법에 맞게 고치시오.

❶ I don't know what I would do if I <u>was</u> in your shoes.

❷ Many witnesses insisted that the accident <u>should take</u> place on the crosswalk.

❸ If you had turned a light toward Mars that day, it <u>would have reached</u> Mars in 186 seconds.

❹ <u>Were it not for</u> the special defenses they have against their enemies, many animals could not survive.

❺ The gentleman insisted that he give / gave me a 50 dollar reward for my honesty.

❻ When it was suggested we go / went to the shopping mall, everybody but my wife was enthusiastic.

❼ Police said the man could <u>have survived</u> if he had only taken a few seconds to buckle up.

❽ Had it not been for Washington's bravery and military strategy, the colonies could hardly beat / have beaten the British.

❾ Those victims of education <u>should receive</u> training to develop creative talents while in school.

❿ It <u>would be</u> better for him if he had not been born.

B 다음 빈칸에 적절한 단어를 넣어 글을 완성하시오.

> **Dear My Sweetheart,**
>
> If you _____ a tear in my eyes, I would not cry for the fear of losing you.
>
> I wish I _____ a tear in your eyes so I could start in your eyes, live
>
> on your face, and die on your lips.
>
> If a star _____ every time I think of you, the sky _____
>
> be empty.
>
> Please remember if I could rearrange the alphabet, I _____
>
> put U and I together.

C 다음 밑줄 친 부분 중 어법상 틀린 곳을 찾아 바르게 고치시오.

Once there was a king who wanted to settle accounts with his servants. As he began the settlement, a man who owed him ten thousand dollars ① was brought to him. Since he was not able to pay, the master ordered that he and his wife and his children and all that he had ② to be sold to repay the debt. The servant fell on his knees before him. "Be patient with me," he begged, "and I will pay back everything." The servant's master ③ took pity on him, canceled the debt and let him go. But when that servant went out, he found one of his fellow servants who owed him a hundred dollars. He grabbed him and began to choke him. "Pay back ④ what you owe me!" he demanded. His fellow servant fell to his knees and begged him, "Be patient with me, and I will pay you back." But he refused. Instead, he went off and had the man ⑤ thrown into prison until he could pay the debt.

1 OK	4 OK	7 OK	10 OK
2 took / had taken	5 give	8 have beaten	
3 OK	6 go	9 should have received	

❶ OK

해석　내가 너의 입장이라면 무엇을 할지 모르겠다.

풀이　가정법 과거 문장의 조건절에서 If I were ~ 뿐만 아니라 If I was ~도 가능하다.

❷ took 또는 had taken

해석　많은 목격자들은 교통사고가 횡단보도에 일어났다고 주장했다.

풀이　that절의 내용이 당위성을 나타내는 것이 아니라 실제로 일어난 사실을 전달하는 것이므로 인칭과 시제에 맞게 대과거 또는 과거 시제로 써야 한다.

❸ OK

해석　만일 당신이 그날 화성을 향해 빛을 비췄더라면, 그것은 186초 후에 화성에 도착했을 것이다.

풀이　가정법 과거완료의 귀결절이다.

❹ OK

해석　그들이 적에 대해 가지고 있는 특별한 방

어책이 없다면, 많은 동물들은 생존할 수 없을 것이다.

풀이　가정법의 조건절에서 If는 생략할 수 있으며, 이때 주어와 조동사가 도치된다.

❺ give

해석　그 신사는 나의 정직성에 대해 50달러의 상을 줘야 한다고 고집했다.

풀이　insist가 이끄는 that절에서 당위성을 나타낼 때는 '(should) + 동사원형'을 쓴다.

❻ go

해석　우리가 쇼핑몰에 가는 것이 제안되었을 때, 내 아내를 제외한 모든 사람들이 열광적이었다.

풀이　suggest가 이끄는 that절의 내용이 '앞으로 일어나야 할 일(당위성 등)'을 나타낼 때는 '(should) + 동사원형'을 쓴다.

❼ OK

해석　경찰은 그 남자가 안전벨트를 매기 위해서 몇 초를 보냈다면 그가 생존할 수 있었을 것이라고 말했다.

풀이 가정법 과거완료의 귀결절은 '조동사 과거형 + have + p.p.'이다.

9 should have received

....

해석 그 교육의 희생자들은 학교에 다니는 동안에 창의적 재능을 계발하기 위해서 훈련을 받았어야 했다.

풀이 문맥상 과거 사실에 대한 후회·유감을 나타내는 것이므로 'should + have + p.p.'를 써야 한다.

8 have beaten

....

해석 Washington의 용맹함과 군사 전략이 없었더라면, 그 식민지들은 영국을 무찌르지 못했을 것이다.

풀이 가정법 과거완료의 귀결절은 '조동사 과거형 + have + p.p.'이다.

10 OK

....

해석 그가 태어나지 않았더라면 그에게 더 좋을 텐데.

풀이 조건절은 가정법 과거완료, 주절은 가정법 과거로 '혼합가정법' 문장이다.

B

Dear My Sweetheart,

If you <u>were</u> a tear in my eyes, I would not cry for the fear of losing you.

I wish I <u>were</u> a tear in your eyes so I could start in your eyes, live

on your face, and die on your lips.

If a star <u>fell</u> every time I think of you, the sky <u>would</u>

be empty.

Please remember if I could rearrange the alphabet, I <u>would</u>

put U and I together.

---

were, were, fell, would, would

해석

사랑하는 나의 연인에게

....

당신이 내 눈의 눈물이라면 당신을 잃는 것이 두렵기 때문에 나는 울지 않겠소.
내가 당신 눈의 눈물이 되어 당신의 눈에서 시작해서 당신의 얼굴에 머물고 당신에 입술에서 죽을 수 있다면 좋겠소.

내가 당신을 생각할 때마다 별이 떨어진다면, 하늘은 텅 비어버릴 것이오.
내가 알파벳을 다시 배열할 수 있다면, 나는 U와 I를 붙여 놓을 것이라는 것을 기억해 주세요.

---

② to be sold to repay → be sold to repay

해석

옛날에 그 종들과 결산하기를 원한 왕이 있었다. 결산을 시작할 때, 1만 달러를 빚진 한 남자가 그에게 불려왔다. 그가 돈을 지불할 수 없었기 때문에 주인은 그 빚을 갚기 위해서 그와, 그의 아내와, 그의 자식들 그리고 그가 가진 모든 것을 팔아야 한다고 명령했다. 그 하인이 그 앞에서 무릎을 꿇고 "참아주십시오. 그러면 모든 것을 갚겠습니다."라고 간청했다. 그 하인의 주인은 그를 불쌍히 여겨 그 빚을 탕감하고 풀어주었다. 하지만 그 하인이 나가서 그에게 100달러를 빚진 그의 동료를 발견했다. 그는 그를 붙잡고 목을 졸랐다. "네가 내게 빚진 것을 갚아라!"라고 요구했다. 그의 동료 하인은 무릎을 꿇고 그에게 "참아주십시오, 그러면 갚겠습니다."라고 간청했다. 하지만 그는 거절하고 그가 빚을 갚을 때까지 감옥에 집어넣도록 시켰다.

풀이

'명령'을 나타내는 order가 쓰인 문장의 that절에서 '(should) 동사원형'을 써야 한다. that절의 주어가 'he and his wife and his children and all that he had'이므로 그 뒤에 동사 (should) be가 와야 한다.

52 현재시제 vs. 과거시제

과거	
BEFORE YESTERDAY	YESTERDAY
I had worked ...	I worked ...

현재	
BEFORE NOW	NOW GENERALLY
I have worked ...	I work ...

BEFORE AND AT A MOMENT YESTERDAY	AT A MOMENT YESTERDAY
I had been working ...	I was working ...

BEFORE AND AT THE MOMENT	NOW AT THE MOMENT
I have been working ...	I am working ...

◉ 현재시제 vs. 과거시제 ◉

· 동사의 어형변화를 통한 시간(Time) 관계의 표현을 시제(Tense)라고 한다.
시제에는 현재시제와 과거시제가 있다.

173 Every summer an internationally famous classical Wagner music festival **takes** place in the garden of the Villa Rufolo. 2008학년도 수능

174 Feeling thirsty, I **took** the gourd, **dipped** some water, and **drank**. 2004학년도 수능

175 I **headed** to the beach and **jumped** on my surfboard and **paddled** out.
2012학년도 수능

해석
173 매년 여름 국제적으로 유명한 Wagner 고전음악 축제가 Villa Rufolo 정원에서 개최된다.
174 갈증이 나서 나는 조롱박을 집었고, 약간을 물을 담아서 마셨다.
175 나는 바닷가로 가서 내 서프보드에 뛰어 올라 물을 저어 나아갔다.

제대로 독해잡는 문법구문세트   167

53 현재완료 vs. 과거완료

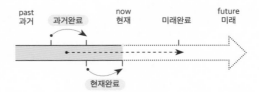

- I **have** always **taught** my children that politeness, learning, and order are good things. 2011학년도 수능

- It was hot that day, so climbing the mountain was much more difficult than I **had imagined**. 2001학년도 수능

◉ **현재완료 vs. 과거완료** ◉

- 현재완료형은 have(has) p.p.로, 과거완료형은 had + p.p.로 표현한다.
- 현재완료의 핵심은 현재와의 관련성(완료, 경험, 계속, 결과)이다.
- 과거시점을 표현하는 부사(구)나 의문부사 when은 현재완료와 함께 쓰지 않는다.

---

176 The impact of color **has been** studied for decades. 2015학년도 수능

177 People **have lost** interest in modern arts and **have turned** to sports stars and other popular figures to find their role models. 2003학년도 수능

178 In earlier times, people traded crops or objects they **had made** in exchange for the goods they needed. 2009학년도 9월

 해석

- 나는 늘 나의 아이들에게 공손함, 배움, 질서는 좋은 것들이라는 것을 가르쳐왔다.
- 그날은 무더웠기 때문에 산에 오르는 것은 내가 상상했던 것보다 훨씬 더 어려웠다.
- 176 색깔의 영향이 수십 년 동안 연구되어왔다.
- 177 사람들은 현대 예술에 대한 흥미를 잃었고 그들의 역할 모델을 찾기 위해서 스포츠 스타와 다른 인기인들에게 고개를 돌려왔다.
- 178 초기에 사람들은 그들이 필요로 하는 상품을 교환하기 위해서 그들이 만든 작물이나 물건으로 거래를 했다.

54 미래 표현

① will + 동사원형
② be going to
③ be (about) to
④ 현재진행형
⑤ 미래진행형
⑥ 현재시제

◎ 미래 표현 ◎

· 미래 시간은 다양한 장치를 통해서 표현된다.
· 주절이 미래 시간을 나타내는 경우, 대부분의 종속절(시간이나 조건을 나타내는 부사절)에서는 현재시제가 미래를(현재완료가 미래완료를) 나타낸다.

179 Soon we **will find** out who **is going to** be named champion and who **will have** to train harder next season. 2002학년도 수능

180 It was a beautiful Friday afternoon and the weekend **was about to** begin.
2010학년도 수능

181 Your family **is going** on a picnic this coming Sunday. 2001학년도 수능

182 You **will be trying** food from all over the world, but more importantly, you **will have** the chance to experience each country's dining traditions and customs. 2009학년도 6월

 179 곧 우리는 누가 챔피언으로 호명되고 누가 다음 시즌에 더 열심히 훈련해야만 할 것인지를 알게 될 것이다.
180 아름다운 금요일 오후였고 주말이 막 시작되려고 했다.
181 너의 가족은 오는 일요일에 소풍을 간다.
182 당신은 전 세계에서 온 식품을 먹게 될 것이지만 더 중요하게는 당신은 각 나라의 식사 전통과 관습을 경험할
기회를 갖게 될 것이다.

S + is[was, has been, had been] -ing

- While Joan **was looking** for a tablecloth, Kate **was wandering** around the room looking at the pictures on the walls. 2011학년도 수능

- I **have been living** in this foreign country for five years. 2004학년도 수능

○ **진행 표현** ○

· 진행형은 be + -ing 형태로 표현한다.

---

183 When doing anything, just focus on what you **are doing**. 2004학년도 수능

184 For decades, critics **have been predicting** the death of classical music, suggesting that the classical music audience has grown old with no younger generation to take its place. 2009학년도 9월

185 Henry **was moving** the soccer ball down the field thrilled with the prospect of scoring a goal — the first in his entire life. 2008학년도 9월

186 He **had been putting** off doing his chemistry report which was due on Monday. 2010학년도 수능

 · Joan이 식탁보를 찾고 있는 동안에, Kate는 벽에 있는 사진들을 보면서 방 주위를 서성이고 있었다.
· 나는 이 외국에 5년 동안 살아오고 있는 중이다.
183 어떤 일을 할 때는 그저 네가 하고 있는 일에 초점을 맞춰라.
184 수십 년 간, 비평가들은 고전음악의 관객들이 늙어가지만 그 자리를 대신할 젊은 세대가 없음을 제시하면서 고전음악의 죽음을 예견해오고 있다.
185 Henry는 생애 첫 득점을 하리라는 기대감으로 흥분된 채, 상대편 진영으로 축구공을 몰아가고 있었다.
186 그는 월요일이 마감인 화학 보고서 작성을 미루고 있었다.

will과 be going to의 차이, 좀 애매하죠? 확실히 알려드릴게요!

will ① **어떤 상황에서 즉흥적으로 주어의 의지를 나타낼 때**
W: The phone is ringing. 전화벨이 울리고 있어.
M: I'**ll** get it. 내가 받을게.

② **앞으로 일어날 일에 대해서 미래에 관점을 두고 예측할 때**
· He's backpacking in China and **will** return in about one month.
한국에서 배낭여행 중이고, 한 달 정도 후에 돌아올 거야.
· Bananas **will** be expensive this year.
올해 바나나가 비쌀 것이다.
· Your wife **will** have a baby.
당신의 아내는 아이를 갖게 될 것이다.

be going to ① **말하는 시점 이전부터의 결심을 바탕으로 한, 앞으로 하려고 하는 어떤 일에 대한 현재의 의도를 나타낼 때**
W: Do you have any plans tonight?
M: I'**m going to** stop by the mall to get something.

② **어떤 일이 일어날 것이라는 것을 알 수 있는 현재의 원인이나 징후가 있을 때**
· Look at those heavy, dark clouds! It'**s going to** rain.
저기 먹구름을 봐! 비가 올 것 같아.
· How pale that girl is! I think she'**s going to** faint.
저 소녀는 참 창백하구나! 그녀가 기절할 것 같아.
· My wife **is going to** have a baby next week.
내 아내는 다음 주에 아이를 낳을 것이다.

박스 안에서 어법에 맞는 표현을 고르시오.
밑줄 친 표현이 어법에 맞는지를 판단하고 필요하면 어법에 맞게 고치시오.

❶ Students with high grades organize their time, planning when they complete / will complete their assignments.

❷ If they see / will see a snake, most people will try to kill it or run away from it.

❸ We will ship your order as soon as it is / will be available.

❹ When I got off the bus, I found that I <u>have left</u> my purse on the seat.

❺ Yesterday, I was taught that the Korean War broke / had broken out in 1950.

❻ When did you return / have you returned home from Japan?

7 I don't know when my uncle comes / will come , but when he comes / will come , I'll let you know right away.

8 She said she had met him three years ago / before .

9 I'm sorry to hear that your mother was / has been ill in bed since the end of last month.

10 By the time the first bombs were ready for use, the war with Germany has ended.

11 When the children come home from school, they may be alone until one or both of their parents will arrive.

⓬   I went into this task with great eagerness because I haven't / hadn't had any opportunities to show off my ability before.

⓭   I have written to George since I have been here in Washington.

⓮   Then God made a woman from the rib he has / had taken out of the man, and he brought her to the man.

⓯   I once visited / had visited a friend of mine who works at an international airport.

⓰   No sooner had / has he finished reading the note than there was a knock at the front door.

⑰ It is a sunny day, and many people <u>are having</u> a good time in the park.

⑱ As we grew older, Mom made sure we <u>do</u> our part by keeping our rooms neat.

⑲ In his novel *1984*, George Orwell <u>warns</u> the readers about the dangers of a totalitarian society.

⑳ I <u>have been</u> playing tennis for over three hours by the time you arrive.

1 will complete	6 did you return	11 arrive	16 had
2 see	7 will come, comes	12 hadn't	17 OK
3 is	8 before	13 OK	18 did
4 had left	9 has been	14 had	19 OK
5 broke	10 (had) ended	15 visited	20 will have been

❶ will complete

해석   높은 점수를 받는 학생들은 그들의 시간을 짜며, 언제 그들의 과제를 끝낼지를 계획한다.

풀이   when절은 planning의 목적어가 되며(명사절), 미래의 일은 미래로 표현한다.

❷ see

해석   만일 그들이 뱀을 보면, 대부분의 사람들은 그것을 죽이려고 하거나 도망칠 것이다.

풀이   주절이 이미 미래의 시간을 나타내고 있으므로, 조건을 나타내는 부사절에서는 현재시제로 미래를 나타낸다.

❸ is

해석   저희는 입수하자마자 주문하신 상품을 선적할 것입니다.

풀이   주절이 이미 미래의 시간을 나타내고 있으므로, 시간을 나타내는 부사절에서는 현재시제로 미래를 나타낸다.

❹ had left

해석   내가 버스에서 내렸을 때, 나는 자리에 지갑을 두고 내렸다는 것을 알게 되었다.

풀이   지갑을 자리에 둔 것이 found보다 더 먼저 일어난 일이므로 대과거를 써야 한다.

❺ broke

해석   어제 나는 한국전쟁이 1950년에 발발했다는 것을 배웠다.

풀이   역사적인 사실은 시제 일치 원칙을 따르지 않고 언제나 과거로 나타낸다.

❻ did you return

해석   너는 일본에서 언제 집으로 왔니?

풀이   현재완료는 의문부사 When과 함께 쓰지 못한다.

❼ will come, comes

해석   나는 언제 삼촌이 오실지 모르지만 오시면 즉시 네게 알려 줄게.

풀이   when절은 know의 목적어가 되므로 (명사절) 미래 시간은 미래로 나타낸다. 뒤의 when절은 시간을 나타내는 부사절이며,

주절이 이미 미래의 의미를 나타내고 있으므로 현재시제로 미래를 나타낸다.

풀이　시간을 나타내는 부사절에서는 현재시제가 미래를 나타낸다.

❽ before

....

해석　그녀는 3년 전에 그를 만났다고 말했다.

풀이　ago는 현재를 기점으로 해서 '-전에'의 의미이며, before는 기준 시점이 과거일 때 '-전에'의 의미를 나타낸다.

❾ has been

....

해석　지난 달 이래로 너의 어머니가 병상에 있다고 들어서 유감이구나.

풀이　과거시점인 지난 달부터 말을 하고 있는 시점까지 병상에 누워있는 것이므로 현재완료를 써야 한다.

❿ (had) ended

....

해석　첫 폭탄이 사용될 준비가 되었을 때, 독일과의 전쟁이 끝났다.

풀이　기준 시점이 과거이고, 그때까지 전쟁이 끝나는 것이 완료된 것이므로 과거완료를 써야 한다.

⓫ arrive

....

해석　아이들이 학교에서 집으로 올 때, 그들은 그들 부모님들 중 한 분 또는 두 분이 도착할 때까지 홀로 있게 될 것이다.

⓬ hadn't

....

해석　나는 이전에 나의 능력을 보여줄 기회를 갖지 못했었기 때문에 이 일에 엄청난 열의를 가지고 매진했다.

풀이　기준 시점이 과거이고 그 전부터 기준 시점 때까지 기회를 갖지 못했던 것이므로 과거완료를 써야 한다.

⓭ OK

....

해석　내가 여기 Washington에 살아온 이래로 나는 George에게 편지를 써오고 있다.

풀이　편지를 쓰고 있는 일과 Washington에 살고 있는 일이 모두 과거부터 현재까지 일어나고 있는 일이라면 since 뒤에 현재완료 표현을 쓸 수 있다.

⓮ had

....

해석　하나님은 남자에게서 뽑아낸 갈비를 가지고 여자를 만들었고 그녀를 그 남자에게 데려왔다.

풀이　여자를 만든 것보다 남자에게서 갈비를 뽑아낸 것이 더 먼저 일어난 일이므로 대과거를 써야 한다.

⓯ visited

해석	나는 국제공항에 근무하는 내 친구를 한번 방문한 적이 있다.
풀이	과거시점을 나타내는 once가 있으므로 과거시제를 써야 한다.

⑯ had

해석	그가 쪽지 읽는 것을 끝내자마자 문 밖에서 노크 소리가 들렸다.
풀이	노크 소리가 들린 것이 과거이고 쪽지를 읽은 것은 그 보다 약간 앞선 때에 일어난 일이므로 대과거를 써야 한다.

⑰ OK

해석	화창한 날이고 많은 사람들이 공원에서 즐거운 시간을 보내고 있다.
풀이	have가 '소유하다'의 의미가 아닐 때는 진행형을 쓸 수 있다.

⑱ did

해석	우리가 나이가 듦에 따라, 엄마는 우리가 방을 단정히 함으로써 우리의 역할을 하는 것을 분명히 하셨다.
풀이	과거의 일을 진술하는 것이고 made sure의 목적어가 되므로 시제 일치에 따라서 과거형을 써야 한다.

⑲ OK

해석	소설 『1984』에서 George Orwell은 독자들에게 전체주의 사회의 위험성에 대해서 경고한다.
풀이	소설의 내용이 시간에 따라서 변하는 것이 아니므로 현재형으로 쓴다. 과거에 쓴 소설이므로 과거형 warned를 쓸 수도 있다.

⑳ will have been

해석	네가 도착할 때쯤이면 나는 3시간 이상 테니스를 치고 있는 중일 것이다.
풀이	미래의 어느 시점에 동작이 그 이전부터 계속 진행되어 온 것을 나타내는 것이므로 미래완료진행 표현을 써야 한다.

56 be[get] + p.p.

- I knocked at the door and **was told** to enter. 2008학년도 수능
- Children must **be taught** to perform good deeds for their own sake.
  2011학년도 수능

> ⦿ 수동태 ⦿
>
> - 능동문의 목적어의 관점에서 문장을 진술하는 방식을 수동태라고 한다.
> - 목적어가 없는 1, 2형식 문장의 경우에는 수동태가 있을 수 없다.
> - 원형 부정사를 목적보어로 쓰는 문장의 경우, 수동태가 되면 원형 부정사가
>   to 부정사로 된다.
> - 우리말의 능동/수동이 영어의 능동/수동과 항상 1:1로 대응되지는 않는다.

187 By the time the canal **was finished**, the railroad **had been established** as the fittest technology for transportation. 2011학년도 수능

188 Registration forms must **be sent** by email to the address below by 6:00 pm.
  2015학년도 수능

189 The group quickly **became known** for its work in helping the hungry and ill.
  2000학년도 수능

- 나는 문을 노크했고 들어오라는 말을 들었다.
- 아이들은 그 자체를 위해서 선한 행위를 하도록 가르쳐져야 한다.
187 그 운하가 완성되었을 때쯤, 철도는 수송을 위한 최적의 기술로 자리 잡았다.
188 등록 신청서는 아래의 주소로 오후 6시까지 보내져야 합니다.
189 그 단체는 배고픈 사람들과 병든 사람들을 돕는 그들의 활동으로 곧 유명해졌다.

수동태

1 A good coach <u>trained</u> the team.
  → The team **was trained** by a good coach.

2 Bob <u>gave</u> Jane a book.
  → Jane **was given** a book by Bob.
  → A book **was given** (to) Jane by Bob.
  Bob <u>bought</u> Jane a hat.
  → A hat **was bought** for Jane by Bob.

3 They <u>made</u> us work very hard.
  → We **were made to work** very hard.

4 All the students <u>spoke well of</u> him.
  → He **was spoken well of** by all the students.

5 They <u>believe</u> that he is(was) a liar.
  → **It is believed** that he is(was) a liar.
  → **He is believed to be(have been)** a liar.

문장의 유형에 따른 수동태 전환

4형식	4형식을 3형식으로 고칠 때 전치사 to를 쓰는 동사	I·O와 D·O를 수동태의 주어로 쓸 수 있음
	4형식을 3형식으로 고칠 때 전치사 for를 쓰는 동사	D·O만이 수동태의 주어가 될 수 있음
5형식	원형 부정사를 목적보어로 취하는 경우 수동태에서는 to 부정사로 쓴다.	
군동사	군동사의 형태를 유지한다.(He was laughed at by his friends.)	
목적어가 절인 문장	It be p.p. that S + V ↔ S be p.p. + to 부정사	

57 준동사의 동사 속성(시간 표현 / 태)

준동사	시간		태
to 부정사	단순부정사	능동	to create
		수동	to be created
	완료부정사	능동	to have created
		수동	to have been created
동명사	단순동명사	능동	creating
		수동	being created
	완료동명사	능동	having created
		수동	having been created
분사구문	단순분사구문	능동	Creating
		수동	(Being) created
	완료분사구문	능동	Having created
		수동	(Having been) created

◉ 준동사의 동사 속성(시간 표현 / 태) ◉

· 준동사의 완료형은 주절의 동사가 나타내는 시간보다 준동사가 나타내는 시간이 앞섰다는 것을 나타낸다. 준동사 역시 능동/수동의 의미를 나타낼 수 있다.

190 I felt ashamed for not **having visited** him for the last five years. 2003학년도 수능

191 Artists during the Renaissance wanted objects in paintings **to be represented** with accuracy. 2005학년도 수능

192 **Feeling** pleased with myself for **having made** this monumental decision, I proudly announced my plan to my dad. 2011학년도 6월

193 **Having returned** to France, Fourier began his research on heat conduction. 2014학년도 수능

해석
190 나는 지난 5년 간 그를 방문하지 못했던 것에 대해 부끄러움을 느꼈다.
191 르네상스 시기의 예술가들은 회화에서의 사물들이 정확하게 묘사되기를 원했다.
192 이 대단한 결정을 내린 내 자신에게 기쁨을 느낀 나는 자랑스럽게 아빠에게 나의 계획을 말씀 드렸다.
193 프랑스로 돌아온 후, Fourier는 열전도에 관한 그의 연구를 시작했다.

박스 안에서 어법에 맞는 표현을 고르시오.
밑줄 친 표현이 어법에 맞는지를 판단하고 필요하면 어법에 맞게 고치시오.

❶ When you feel uncomfortable, go to a fairly quiet place where you are not likely to disturb / be disturbed .

❷ When I asked my grandmother, however, I replied, "Yes, I do feel a great change has taken place."

❸ A female professional speech writer credits / is credited with creating these phrases, capturing abstract ideas and putting them into practical language.

❹ The results of the experiment are truly shocking / shocked and I hope this documentary will cause people to be aware of the problem of obesity.

❺ Although they belong / are belonged to the solar system, they are different from planets because they are not solid.

6   The 843-acre land made of marsh and gravel, which was hard to develop as land for housing, was purchased / purchased to be designed as a park.

7   This small city, located / locating in the center of Hale County, was the result of an interesting compromise between two rival villages, Hale City and Epworth.

8   It was discovered that this stone contained / was contained the same message but in three different languages.

9   She denied / was denied the position because of discrimination based upon her age.

10   The desk was composed entirely of newspapers that were reported Lindbergh's famous flight to Paris in 1927.

⑪ Henry Ⅱ introduced the idea that a person should judge / be judged according to evidence heard in court by a judge.

⑫ In 1642, a war broke / was broken out between the Parliament and the king.

⑬ The photographs developed / were developed yesterday showed Tony and his friends.

⑭ Families in Egypt also mourned the death of a cat and had the body of the dead cat wrapped in cloth before it was finally laid / lain to rest.

⑮ H_2O, better known as water, <u>is consisted</u> of two hydrogen atoms and one oxygen atom.

⑯ The seeds ⟨stored / storing⟩ in seed banks could be used in the future to restore environments, or to increase numbers of endangered plants in the wild.

⑰ People tend to become more excited when <u>exposed red light</u>.

⑱ A lot of people think that euthanasia is needed so patients won't ⟨force / be forced⟩ to remain alive by being hooked up to machines.

⑲ It ⟨believes / is believed⟩ that people who bathe in the Ganges are cleansed physically, mentally and spiritually.

⑳ All of a sudden the public at large was made <u>realize</u> that a wonderful triumph of science brutally challenged the security of all mankind.

㉑ Einstein took off his hat and held it under his coat. ⟨Asking / Asked⟩ why, he explained slowly that the rain would damage his hat, but not his hair.

㉒ Cotton is generally ⟨thought of / thought of as⟩ a natural and environment-friendly fabric.

㉓ With the population check of disease ⟨removing / removed⟩, we are now confronted with the gigantic task of finding ways to feed people and to keep populations in check.

㉔ Mobile phones belonging to hospital staff <u>found</u> to be tainted with bacteria and may be a source of hospital-acquired infections.

㉕ The quake severely damaged Kathmandu, and is thought to ⟨cause / have caused⟩ more than 8000 deaths.

26 Many common French wines named / are named after the districts in which
the grapes are grown.

27 The government has been introducing / introduced quite a few policies either
to ease the problem or reverse the situation.

28 A person has achieved / having achieved success early in life may become
bored with life.

29 The criminal, who killed the policeman, was hung / hanged today.

30 Helicopters can be used to provide / providing medical services to people who
live in remote areas.

1 be	9 was denied	17 exposed to red light	25 have caused
2 (I was) asked by	10 reported	18 be forced	26 are named
3 is credited	11 be judged	19 is believed	27 introducing
4 shocking	12 broke	20 to realize	28 having achieved
5 belong	13 developed	21 Asked	29 hanged
6 was purchased	14 laid	22 thought of as	30 provide
7 located	15 consists	23 removed	
8 contained	16 stored	24 were found	

❶ be

....

해석 불편함을 느낀다면 네가 방해받지 않을 아주 조용한 장소로 가거라.

풀이 disturb는 타동사이므로 그 뒤에 목적어가 와야 한다. 주어진 문장에서는 목적어가 없으므로 수동태로 써야 한다.

❷ (I was) asked by

....

해석 내가 할머니로부터 질문을 받았을 때, 나는 "네, 저는 큰 변화가 일어났다고 느끼고 있어요."라고 대답했다.

풀이 문맥상 질문을 받고 대답을 하는 상황이므로 수동태로 써야 한다.

❸ is credited

....

해석 추상적인 아이디어를 포착해서 실질적인 언어로 표현함으로써 이러한 문구를 만든 것은 한 여성 직업 연설문 작가의 공로로 인정된다.

풀이 'credit A with B'는 'B의 공로를 A에게 돌리다'라는 의미가 있으며, 문맥상 주어(A female professional speech writer)에게 공로가 돌려지는 것이므로 수동태 표현을 써야 한다.

❹ shocking

....

해석 실험의 결과는 정말 충격적이었고 나는 이 다큐멘터리가 사람들에게 비만 문제를 인식하도록 해주기를 바란다.

풀이 The results가 '충격을 주는' 것이므로 현재분사(형용사) shocking을 써야 한다.

❺ belong

....

해석 비록 그것들이 태양계에 속하기는 하지만, 고체가 아니기 때문에 행성들과는 다르다.

풀이 상태를 나타내는 belong은 수동태를 쓰지 못한다.

❻ was purchased

....

해석 습지와 자갈로 이루어진 843 에이커의 그 토지는 주택 용지로 개발하기가 어려운데, 공원으로 만들어지기 위해서 구입되었다.

풀이 문맥상 토지가 구매된 것이므로 수동태를 써야 한다.

❼ located

해석 이 작은 도시는 Hale County의 중앙에 위치하고 있는데, 두 경쟁도시인 Hale 시와 Epworth 시 사이의 흥미로운 타협의 결과였다.

풀이 locate는 타동사로 그 뒤에 목적어가 와야 하지만, 주어진 문장에서는 그 뒤에 목적어가 없으며, The small city가 위치된 것이므로 수동태를 써야 한다.

❽ contained

해석 이 돌에 3개의 다른 언어로 된 똑같은 메시지가 적혀있다는 것이 발견되었다.

풀이 네모 뒤에 목적어 the same message가 있으므로 능동태를 써야 한다.

❾ was denied

해석 그녀는 나이에 근거한 차별 때문에 그 직위를 거부당했다.

풀이 She가 '거부당한' 것이므로 수동태를 써야 한다. deny는 두 개의 목적어를 취할 수 있는 동사다.

❿ reported

해석 그 책상은 전적으로 1927년 Lindbergh의 유명한 파리로의 비행을 보도한 신문들로 덮여있었다.

풀이 that은 주격 관계대명사이고 Lindbergh's famous flight이 목적어이므로 능동태로 써야 한다.

⓫ be judged

해석 Henry II세는 개인은 법정에서 청취된 증거에 따라서 판사에 의해서 재판을 받아야만 한다는 생각을 도입했다.

풀이 a person이 재판을 받는 것이므로 수동태를 써야 한다.

⓬ broke

해석 1642년에 의회와 국왕 사이에 전쟁이 발생했다.

풀이 break out은 '발생하다'의 의미의 자동사로 수동태로 쓸 수 없다.

⓭ developed

해석 어제 현상된 사진들은 Tony와 그의 친구를 모습을 보여주었다.

풀이 사진이 현상된 것이므로 수동의 의미를 나타내는 과거분사가 The photographs를 수식해야 하며, 문장의 동사는 showed이다.

⑭ laid

해석 이집트의 가족들은 또한 고양이의 죽음을 슬퍼했고, 고양이의 사체를 묻기 전에 천으로 감쌌다.

풀이 lay는 타동사이며 고양이가 (땅에) 놓여지는 것이므로 수동태를 써야 한다.

⑮ consists

해석 물로 더 잘 알려진 H_2O는 2개의 수소 원자와 1개의 산소 원자로 이루어졌다.

풀이 상태 동사인 consist는 수동태로 쓸 수 없으며, 능동태로 써야 한다.

⑯ stored

해석 종자 은행에 저장된 씨앗들은 환경을 회복하거나 야생의 멸종위기에 놓인 식물들의 개체수를 증가시키기 위해서 미래에 사용될 수 있을 것이다.

풀이 씨앗들이 저장된 것이므로 수동태를 써야 한다.

⑰ exposed to red light

해석 사람들은 붉은 빛에 노출될 때 더 흥분하는 경향이 있다.

풀이 'expose A to B'는 'A를 B에 노출시키다'의 의미가 있다. 사람들이 붉은 빛에 노출되는 것이므로 전치사 to를 써야 한다. exposed 앞에는 they are가 생략되었다.

⑱ be forced

해석 많은 사람들은 환자들이 기계에 연결되어 연명을 강요당하지 않도록 안락사가 필요하다고 생각한다.

풀이 환자들이 연명을 강요하는 것이 아니라 강요당하는 것이므로 수동태를 써야 한다.

⑲ is believed

해석 갠지스 강에서 목욕하는 사람들은 육체적으로, 정신적으로, 그리고 영적으로 정화된다고 믿어진다.

풀이 that절이 진주어이고 It이 가주어이다. that절 이하의 내용이 믿어지는 것이므로 수동태를 써야 한다.

⑳ to realize

해석 갑자기 일반 대중은 과학의 멋진 승리가 모든 인류의 안전에 잔인하게 도전한다는 것을 깨닫게 되었다.

풀이 사역동사 make의 목적보어로 동사원형이 쓰인 경우에 수동태가 되면 to 부정사로 고친다.

㉑ Asked

해석 Einstein은 모자를 벗어서 외투 밑에 두었다. 왜 그러냐고 질문을 받았을 때, 그는 비가 모자를 상하게는 하지만 머리를 상하게 하지는 않을 것이라고 천천히 설명했다.

풀이 Einstein이 질문을 하는 것이 아니라 질문을 받는 것이므로 수동의 의미가 있는 과거분사를 쓴다.

㉒ thought of as
....
해석 면화는 일반적으로 천연의 친환경적인 섬유로 여겨진다.
풀이 'think of A as B'를 수동태로 고친 것이므로 as가 필요하다.

㉓ removed
....
해석 질병의 인구 억제 기능이 제거됨에 따라, 우리는 현재 인간들에게 식량을 공급하고 인구(증가)를 억제시킬 방법을 찾는 막중에 임무에 직면해 있다.
풀이 질병의 인구 억제 기능이 제거된 것이므로 수동의 의미가 있는 과거분사를 써야 한다.

㉔ were found
....
해석 병원 직원들이 소지하고 있는 휴대전화기가 박테리아에 오염되었다는 것이 밝혀졌고 그것들은 병원성 감염의 원인이 될 수도 있다.
풀이 Mobile phones가 밝힌 것이 아니라 밝혀진 것이므로 수동태로 써야 한다.

㉕ have caused
....
해석 지진은 Kathmandu 시를 심각하게 파괴했고 8천 명 이상의 사망자를 야기한 것으로 생각된다.
풀이 지진이 사상자를 낸 것은 is thought의 시점보다 더 먼저 일어난 일이므로 완료부정사를 써야 한다.

㉖ are named
....
해석 많은 흔한 프랑스 와인은 포도가 재배되는 지역의 이름을 따서 명명된다.
풀이 와인의 이름이 지어지는 것이므로 수동태를 써야 한다.

㉗ introducing
....
해석 정부는 그 문제를 없애거나 상황을 역전시키기 위해서 많은 정책들을 도입하고 있다.
풀이 quite a few policies가 목적어이므로 능동태를 써야 한다.

㉘ having achieved
....
해석 인생 초반에 성공을 거둔 개인은 삶이 따분해 질 수 있다.
풀이 문장의 동사는 may become이고 주어 A person을 수식하는 말이 필요하므로 완료분사를 써야 한다.

㉙ hanged

....

해석 경찰관을 살해한 그 범인이 오늘 교수형에 처해졌다.

풀이 문맥상 '교수형에 처하다'라는 의미이므로 hanged를 써야 한다. hang(매달다, 걸다) - hung - hung, hang(목매달다) - hanged - hanged

㉚ provide

....

해석 헬리콥터는 외지에 사는 사람들에게 의료 서비스를 제공하기 위해서 사용될 수 있다.

풀이 to provide는 to 부정사의 부사적 용법으로 '목적'을 나타낸다. 'be used to -ing'는 '-에 익숙하다'의 의미이다.

58 비교 표현

원급 비교	비교급 비교	최상급
as ··· as ~ ~만큼 ···한	-er more ··· ~보다 더 ···한	the -est the most ··· 가장 ···한
not so(as) ··· as ~ ~만큼 ··· 하지 못한	less ··· than ~ ~보다 덜 ···한	the least ··· 가장 덜 ···한

○ 비교 표현 ○

· 원급 비교 as – as 사이에는 형용사(보어) 또는 부사(동사 수식)의 원급을 쓴다.
· 비교급 앞에는 (very) much, far, even, still, a lot, a little를 써서 그 의미를 강조
  할 수 있다.
· 'The 비교급 (S + V), the 비교급 (S + V)'은 '~하면 할수록 그만큼 더 ~하다'의
  의미를 나타낸다.
· 부정 주어 뒤에 원급 또는 비교급을 써서 최상급의 의미를 나타낼 수 있다.

194 The context in which a food is eaten can be nearly **as important as** the food itself. 2009학년도 수능

195 While manned space missions are **more costly than** unmanned ones, they are more successful. 2010학년도 수능

196 So far as you are wholly concentrated on bringing about a certain result, clearly **the quicker** and **easier** it is brought about, **the better**. 2011학년도 수능

197 I was no longer **the smartest** kid in the classroom. 2012학년도 9월

 해석
194 음식이 섭취되는 맥락은 거의 음식 그 자체만큼이나 중요할 수 있다.
195 무인 우주 임무보다 유인 우주 임무가 비용이 더 많이 들기는 하지만, 그것들은 더 성공적이다.
196 당신이 어떤 결과를 만들어 내는 데 전적으로 집중하는 한, 그 결과가 더욱 더 빨리 그리고 더욱 더 쉽게 만들
  어질수록 더 좋다.
197 나는 더 이상 학급에서 가장 똑똑한 아이가 아니었다.

박스 안에서 어법에 맞는 표현을 고르시오.
밑줄 친 표현이 어법에 맞는지를 판단하고 필요하면 어법에 맞게 고치시오.

❶ As one of the most productive composers, Schubert wrote music as **free / freely** as one would write a friendly letter.

❷ If the movie calls for rivers, mountains, or jungles, it may be cheaper to film in real places **as / than** to build imitation scenery.

❸ Today, apartments on higher floors are usually considered **the best / the most** desirable.

❹ People who are angry are five times as likely to die under the age of 50 **as / than** people with peace of mind.

❺ The cows gained extra weight and started giving **much / more** milk than before.

6 The more cattle a man owns, the rich / the richer he is considered to be.

7 The farther back we go, the little / the less familiar we find ourselves with the speech of our ancestors.

8 In the Hale County Fann & Ranch Museum, you can find more / better than 200 examples of farm equipment from horse-drawn machines to the huge steam tractor.

9 In the children's story about mice and a cat, the mice decide that life would be very / much safer if a bell were tied around the cat's neck.

10 Few places are more conducive to internal conversations as a moving plane, ship, or train.

B　다음 글을 읽고, 도표의 내용과 일치하지 <u>않는</u> 부분을 찾아 바르게 고치시오.

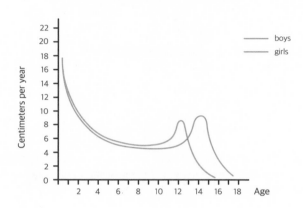

Adolescence isn't the first time that humans grow by leaps and bounds. Babies' bodies change and grow dramatically. Children usually grow at a gradual, steady pace until puberty, when growth occurs in an intense "spurt." The growth spurt of early adolescence usually occurs in girls at an earlier age than it does in boys. Girls begin their growth spurt as early as 10 or 11 years of age and it peaks by age 16. Girls typically stop growing by the ages of 15 or 16. In boys, the growth spurt begins at 13 and reaches a peak by age 15. Of course, adolescents don't all develop at exactly the same time. Some develop earlier than their peers, and others mature a bit later.

1 freely	4 as	7 the less	10 than
2 than	5 more	8 more	
3 the most	6 the richer	9 much	

❶ freely

해석 가장 많은 작품을 남긴 작곡가들 중 한명으로서, Schubert는 다정한 편지를 쓰듯이 자유롭게 작곡했다.

풀이 동사 wrote를 수식해야 하므로 부사를 써야 한다. 'as + 원급 + as' 구문에서 부사의 원급도 쓸 수 있음에 유의해야 한다.

❷ than

해석 만일 영화가 강, 산, 또는 정글을 필요로 하면 모조 풍경을 만드는 것보다 실제 장소에서 촬영하는 것이 더 쌀 것이다.

풀이 비교급 cheaper가 있으므로 than을 써야 한다.

❸ the most

해석 오늘날, 아파트 고층은 대개 가장 바람직한 것으로 여겨진다.

풀이 형용사 desirable의 최상급은 the most desirable이다.

❹ as

해석 화를 내는 사람들은 마음의 평온을 가진 사람들보다 5배나 50세 미만에 사망하기 쉽다.

풀이 'as + 원급 + as' 구문이다.

❺ more

해석 소들은 살이 더 쪘고 전보다 더 많은 우유를 생산하기 시작했다.

풀이 than이 있으므로 비교급 more를 써야 한다.

❻ the richer

해석 사람이 더 많은 가축을 소유할수록, 그는 더 부자로 여겨진다.

풀이 'the 비교급, the 비교급' 구문이다.

❼ the less

해석 (과거로) 더 멀리 갈수록, 우리는 조상들의 언어와 덜 친숙해짐을 발견하게 된다.

풀이 'the 비교급, the 비교급' 구문이다.

❽ more

해석 Hale County의 Fann & Ranch Museum

해석 박물관에서 당신은 말이 끄는 기계로부터 거대한 증기 트랙터에 이르기까지 200개 이상의 농기구들을 발견할 수 있다.

풀이 more than 200: 200 이상

❾ much

해석 쥐와 고양이에 관한 동화에서, 쥐들은 방울을 고양이 목에 달면 삶이 훨씬 안전해질 것이라고 판단한다.

풀이 비교급을 강조(수식)할 때는 much를 쓴다. very는 원급을 수식한다.

❿ than

해석 움직이는 비행기, 배, 혹은 기차보다 내적인 대화에 더 도움이 되는 장소는 거의 없다.

풀이 '부정 주어 + 비교급(more ~ than)'은 최상급의 의미가 있다.

B

16 → 12

해석 청소년기는 인간이 급속하게 성장하는 유일한 시기가 아니다. 아기들은 극적으로 변하며 성장한다. 아이들은 대개 사춘기까지 점진적으로 꾸준히 성장하는데, 사춘기가 되면 성장이 격렬하게 '급증'된다. 청소년기 초기의 성장 급증은 대개 소녀들이 소년들보다 더 이른 시기에 일어난다. 소녀들의 성장 급증은 10살이나 11살에 시작되며 16살(→ 12살)에 최고조에 달한다. 소녀들은 전형적으로 15세나 16세가 되면 성장을 멈춘다. 소년들의 경우 성장 급증은 13살에 시작되며 15세에 최고조에 달한다. 물론 청소년들이 정확히 동시에 발달하지는 않는다. 어떤 청소년들은 그 친구들보다 더 빨리 발달하며 다른 청소년들은 약간 늦게 성숙한다.

풀이 소녀들은 10세 때부터 급속하게 성장하기 시작하며 12세 때에 최고조에 달하는 것을 알 수 있다. 16세가 되면 소녀들은 거의 성장을 멈추게 되므로 Girls begin their growth spurt as early as 10 or 11 years of age and peaks by age 16.에서 16을 12로 고쳐야 한다.

59 대명사의 용법

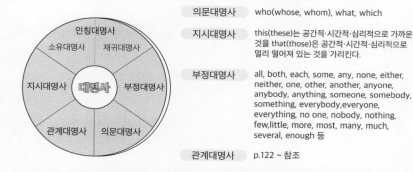

의문대명사	who(whose, whom), what, which
지시대명사	this(these)는 공간적·시간적·심리적으로 가까운 것을 that(those)은 공간적·시간적·심리적으로 멀리 떨어져 있는 것을 가리킨다.
부정대명사	all, both, each, some, any, none, either, neither, one, other, another, anyone, anybody, anything, someone, somebody, something, everybody,everyone, everything, no one, nobody, nothing, few,little, more, most, many, much, several, enough 등
관계대명사	p.122 ~ 참조

◉ 대명사의 용법 ◉

· 목적어가 주어와 같을 때는 재귀대명사를 쓴다(재귀적 용법). 한편 주어나 목적어를 강조하기 위해서 재귀대명사를 쓸 수도 있으며, 이 경우에는 생략이 가능하다.
· 이어동사(two-word verb)의 목적어가 대명사일 때는 '타동사 + 대명사 + 부사'의 어순이 된다.

198 A genuinely educated person can express **himself** tersely and trimly. 2011학년도 수능

199 The digestive system of the goat is different from **that** of the sheep or the cow. 2000학년도 수능

200 CO_2 emissions from residential heating are equal to one-fifth of **those** from power utilities. 2005학년도 수능

201 Joan came back with the cups and saucers and put **them** down on a small side table. 2011학년도 수능

202 **One** is 165cm tall and the **other** is 175cm tall. 2000학년도 수능

해석
198 진정으로 교육을 받은 사람은 간결하고 깔끔하게 자신을 표현할 수 있다.
199 염소의 소화계는 양이나 소의 그것과는 다르다.
200 주거용 난방으로부터 배출되는 이산화탄소는 전력 설비로부터 배출되는 것의 1/5이다.
201 Joan은 컵과 받침 접시를 가지고 돌아왔고 그것들을 작은 보조탁자 위에 내려놓았다.
202 한명은 165cm이고 다른 한명은 175cm이다.

박스 안에서 어법에 맞는 표현을 고르시오.
밑줄 친 표현이 어법에 맞는지를 판단하고 필요하면 어법에 맞게 고치시오.

❶   You cannot serve two masters; you must serve one or another / the other .

❷   The books of ancient times were not so easily destroyed by fire as that / those of today.

❸   The gravitational force between the Earth and the Sun is much greater than that / those between the Earth and the Moon.

❹   Researchers tell us that the sense of sight gives us up to 80% of what we know about the world outside, while other senses bring into our brains information about <u>another</u> twenty percent of what is happening.

❺   People often adopt clothing styles which distinguish them / themselves from other groups of people in their society.

6   When I began to snore in the middle of a class, my friend woke me up / woke up me so that I might not be scolded by the teacher.

7   When you're called upon to give praise of feedback, it / which is a good idea to make your comments as specific as possible.

8   Before the invention of written language, societies had to devise ways to transmit knowledge from one generation to <u>another.</u>

9   If someone strikes you on the right cheek, turn to him <u>other</u> also.

10   If you want to keep your clothes dry in a tropical downpour, you'd better take them off / take off them and sit them on / sit on them .

⑪ If you refuse to cultivate happiness in yourself, you will not be of extraordinary service to <u>others</u>.

⑫ She was beside <u>her</u> when she found she'd lost her ring.

⑬ The Greeks thought <u>them</u> natural that one's leisure time should be spent learning and thinking.

⑭ Japan's plastic bottle recycling rate was more than twice <u>that</u> of the US.

⑮ Your language influences others, and their reactions to you may be determined by it / them .

16 Some researchers believe the atmosphere of Mars was once as thick as <u>Earth's</u>.

17 Dad thought it / what was a normal family outing to go to a car racing event.

18 His sense of humor makes <u>to stay with him pleasant</u>.

19 The Netherlands is famous for <u>their</u> tulips and other beautiful flowers.

20 Several American companies filled large metal containers with chemical wastes, and buried them / themselves deep down below the topsoil.

1	the other	6	woke me up	11	OK	16	OK
2	those	7	it	12	herself	17	it
3	that	8	OK	13	it	18	it pleasant to
4	the other	9	the other	14	OK		stay with him
5	them	10	take them off,	15	it	19	her
			sit on them			20	them

❶ the other

해석　너는 두 주인을 섬길 수 없다. 너는 한 명 또는 나머지 한 명을 섬겨야만 한다.

풀이　둘 중 하나를 제외한 나머지 하나를 지칭할 때는 the other를 쓴다.

❷ those

해석　고대의 책들은 오늘날의 그것들처럼 불에 쉽게 파괴되지 않았다.

풀이　The books를 지칭하는 지시대명사가 필요하므로 복수형인 those를 써야 한다.

❸ that

해석　지구와 태양 사이의 중력은 지구와 달 사이의 그것보다 훨씬 더 크다.

풀이　The gravitational force를 지칭하는 지시대명사가 필요하므로 단수형인 that을 써야 한다.

❹ the other

해석　연구원들은 시각이 외부 세계에 대해서 우리가 아는 것의 80%를 우리에게 제공하며 다른 감각들은 발생하고 있는 일의 나머지 20%에 관한 정보를 우리의 뇌에 가져다준다고 말한다.

풀이　100%를 80%와 20%로 나눈 것 중에서 특정된 20%를 지칭하는 것이므로 the other를 써야 한다.

❺ them

해석　사람들은 종종 사회에서 다른 집단들로부터 그들을 구별해주는 의상 스타일을 채택한다.

풀이　which는 주격 관계대명사로 선행사는 clothing styles이다. clothing styles가 사람들을 구별시켜 주는 것이므로 목적격 대명사 them을 써야 한다.

❻ woke me up

해석　내가 수업 중에 코를 골기 시작했을 때, 내가 선생님께 혼나지 않도록 내 친구가 나를 깨웠다.

풀이　이어동사(two-word verb)의 목적어가

대명사일 때, 대명사는 타동사와 부사 사이에 위치해야 한다.

❼ it

....

해석 칭찬이나 피드백을 제공하도록 요청받았을 때, 당신의 코멘트를 가능한 한 구체적으로 하는 것은 좋은 생각이다.

풀이 네모 이하의 내용이 주절이 되며, 진주어 to 부정사구가 쓰였으므로 가주어가 될 수 있는 it을 써야 한다.

❽ OK

....

해석 문자 언어의 발명 이전에 사회는 한 세대에서 또 다른 세대로 지식을 전달할 방법들을 고안해야만 했다.

풀이 another는 여러 개 중에서 '또 다른 하나'의 의미가 있다.

❾ the other

....

해석 만일 누군가가 너의 오른쪽 뺨을 때리면, 다른 쪽 뺨도 대라.

풀이 사람에게는 오른쪽 뺨과 왼쪽 뺨 두 개가 있으므로 나머지 하나를 지칭할 때는 the other를 쓴다.

❿ take them off / sit on them

....

해석 열대 폭우 시에 너의 옷을 건조한 상태로 유지하기를 원한다면 그것을 벗어서 깔고 앉는 것이 좋다.

풀이 take off에서 take는 타동사이며, sit on에서 sit은 자동사이다. 따라서 대명사 목적어를 쓸 때는 take them off, sit on them의 형태로 써야 한다.

⓫ OK

....

해석 만일 당신이 자기 내면의 행복을 만드는 것을 거부한다면, 당신은 다른 사람들에게 큰 도움이 되지 못할 것이다.

풀이 문맥상 막연한 수의 '다른 사람들'을 의미하므로 정관사 없이 others를 써야 한다.

⓬ herself

....

해석 그녀가 반지를 잃어버렸다는 것을 알았을 때, 그녀는 제정신이 아니었다.

풀이 'beside oneself'는 '(큰 기쁨이나 슬픔으로) 제 정신이 아닌'의 의미를 나타낸다.

⓭ it

....

해석 그리스인들은 여가 시간이 학습과 사색하면서 보내지는 것이 자연스러운 것이라고 생각했다.

풀이 that절이 진목적어이므로 가목적어 it이 필요하다.

⓮ OK

해석　일본의 플라스틱 병의 재활용 비율은 미국의 그것보다 두 배 이상이다.

풀이　rate를 지칭하는 지시대명사가 필요하므로 단수형 that을 써야 한다.

⓯ it

해석　당신의 언어는 다른 사람들에게 영향을 끼치고 당신에 대한 그들의 반응은 그것에 의해 정해질 것이다.

풀이　문맥상 Your language를 지칭하는 대명사가 필요하므로 단수형 it을 써야 한다.

⓰ OK

해석　일부 연구원들은 화성의 대기가 한때 지구의 것만큼 두꺼웠다고 믿는다.

풀이　Earth's는 Earth's atmosphere를 의미한다.

⓱ it

해석　아빠는 자동차 경주장에 가는 것이 보통의 가족 외출이라고 생각하셨다.

풀이　to go이하가 진주어이므로 가주어가 필요하다. 가주어가 될 수 있는 것은 it이며 it 앞에는 종속접속사 that이 생략되어 있다.

⓲ it pleasant to stay with him

해석　그의 유머감각은 그와 함께 머무르는 것을 즐거운 것으로 만들어준다.

풀이　5형식 문장에서 직접목적어 자리에 to 부정사구를 쓸 수 없으며, 가목적어-진목적어 구문으로 써야 한다.

⓳ her

해석　네덜란드는 튤립과 다른 예쁜 꽃들로 유명하다.

풀이　국가를 문화적, 경제적으로 지칭할 때는 여성으로, 지리적으로 지칭할 때는 중성으로 받는다. 네덜란드는 국가명이 복수형이지만 하나의 국가를 의미하므로 her로 받아야 한다.

⓴ them

해석　몇몇 미국 회사들은 커다란 금속 용기를 화학 폐기물로 채웠고 그것들은 땅속 깊이 매립했다.

풀이　주어(Several American companies)와 목적어(large metal containers)가 서로 다르므로, 목적어를 지칭하는 대명사 them을 써야 한다.

부정어 + 조동사 + S + V │ 장소·방향의 부사구 + V + S

· Little **did** he **know** that he was fueling his son with a passion that would last for a lifetime. 2007학년도 수능

· In the center of the room **was** a table with two old silver candlesticks and two glasses of red wine. 2005학년도 수능

◉ **도치 구문** ◉

· 강조 또는 문장의 긴장감을 주기 위해서 도치 구문이 흔히 쓰인다.
· 목적어나 보어도 문장의 앞에 위치할 수 있다.
· 부정어구가 문장의 앞에 놓일 경우에는 조동사의 도움을 받아 도치 구문을 만든다.
· than이나 as 뒤에 관용적으로 도치 구문이 쓰이기도 한다.

---

203 No longer **were** the shores densely **wooded**, nor **could** I **see** any wildlife anywhere. 2004학년도 수능

204 Not only **does** the 'leaf fish' **look** like a leaf, but it also imitates the movement of a drifting leaf underwater. 2007학년도 수능

205 Between the two wine glasses **was** a small empty box. 2005학년도 수능

206 The level of a person's mental outlook and activity has much more to do with length and quality of life than **does** actual age. 2004학년도 수능

207 A mediator who 'takes sides' is likely to lose all credibility, as **is** an advocate who seeks to adopt a neutral position. 2012학년도 수능

 · 그가 아들에게 평생 지속될 열정을 주입하고 있었다는 것을 그는 거의 알지 못했다.
· 방 한가운데에는 두 개의 낡은 촛대와 두 개의 적포도주 잔이 있는 테이블이 하나 있었다.
203 더 이상 강변에는 울창한 숲이 없었으며, 나는 어디에서도 야생 동물을 볼 수 없었다.
204 리프피쉬(leaf fish)는 나뭇잎처럼 보일 뿐 아니라 물속에 떠다니는 나뭇잎의 움직임을 흉내 낸다.
205 두 개의 포도주잔 사이에는 작은 빈 상자가 있었다.
206 개인의 정신적 관점과 활동의 수준이 실제 나이보다 수명이나 삶의 질과 훨씬 관계가 깊다.
207 '편을 드는' 중재자는 중립을 취하려고 하는 옹호자가 그렇게 되듯이 모든 신뢰성을 잃기 쉽다.

61 강조 표현

- It is our parents who have given us our sense of right and wrong, our understanding of love, and our knowledge of who we are. 2004학년도 수능
- Time itself remains unchanged in the sense that it carries on in the same way as it has for millions of years. 2004학년도 수능
- Although efficiency also lowers prices, it does come at a cost. 2012학년도 9월

> ◉ 강조 표현 ◉
>
> ① It is + 강조내용 + that ~   ② 재귀대명사   ③ 강조 어구   ④ 조동사

208 It is through these meetings that prominent people become prominent in the first place! 2009학년도 9월

209 The two companies did eventually solve the technological problem.
2012학년도 수능

210 It wasn't until I was coming to the end of the eleventh grade — and facing the prospect of leaving school without any sense of what I wanted to do as a career — that I decided to apply to the local college to pursue further study.
2011학년도 6월

211 I myself had a hard time at first. 2004학년도 수능

212 My arrow hit the very center of the yellow circle. 2001학년도 수능

- 우리에게 옳고 그른 것에 대한 구별, 사랑에 대한 이해, 그리고 우리 자신이 누구인가에 대한 지식을 우리에게 주신 분들은 바로 우리의 부모님이다.
- 시간 그 자체는 그것이 수백만 년 동안 그랬던 것과 똑같은 방식으로 흐르고 있다는 의미에서 변함없는 상태로 있다.
- 효율성이 가격 또한 낮추기도 하지만, 그것은 대가가 있다.
208 무엇보다도 저명한 사람들이 저명하게 되는 것은 바로 이러한 모임들을 통해서이다.
209 그 두 회사는 결국 기술 문제를 해결했다.
210 내가 더 공부를 지속하기 위해 지역의 대학교에 지원하기로 마음먹은 것은 11학년이 끝나갈 무렵, 내가 직업으로 무엇을 원하고 있는지에 관해 아무런 생각 없이 학교를 졸업하게 될 거라는 전망에 직면하고 있었을 때였다.
211 나 자신은 처음에 힘든 시간을 보냈다.
212 내 화살은 노란 원의 바로 한가운데에 박혔다.

생략

· One of the mistakes (**that**) we often make when confronting a risk situation
is our tendency to focus on the end result. 2015학년도 수능

· That in itself would not have been so bad **had it** not been for the mice.
2012학년도 6월

○ 생략 ○

· 반복되는 어구
· '주격 관계대명사 + be 동사'
· 목적격 관계대명사
· 가정법 문장의 If
· 부사절의 '주어 + be 동사' (주절의 주어와 부사절의 주어가 같을 때)

---

213 A currently popular attitude is to blame technology or technologists for
having brought on the environmental problems (**that**) we face today.
2015학년도 수능

214 When (**it is**) mixed with coconut milk, it makes a delicious and nourishing
pudding. 2006학년도 수능

215 Consider the relationships within a family unit (**which is**) made up of a
husband, a wife, and a child. 2000학년도 수능

 · 위험 상황에 직면했을 때 우리가 종종 저지르는 실수들 가운데 하나는 최종 결과에 집중하는 우리의 성향이다.
· 쥐들만 없었다면 그것은 그 자체로 그렇게 나쁘지는 않았을 것이다.
213 현재 일반적인 태도는 우리가 오늘날 직면하는 환경 문제를 초래한 것에 대해 기술 또는 기술자들은 비난하
는 것이다.
214 코코넛 우유와 혼합될 때, 그것은 맛있고 영양이 풍부한 푸딩이 된다.
215 남편, 아내, 그리고 아이로 구성된 하나의 가족 단위 내에서의 관계를 고려해보자.

박스 안에서 어법에 맞는 표현을 고르시오.
밑줄 친 표현이 어법에 맞는지를 판단하고 필요하면 어법에 맞게 고치시오.

❶ No sooner the ladder fell / had the ladder fallen to the ground than the thunder roared, so there was no one in the street to hear my cries for help.

❷ Not until the 11th century, when a young lady from what is now known as Turkey brought her fork to Italy, did / doing the way of eating with a fork reach Europe.

❸ Not long ago, did I go / I went on a weekend self-exploratory workshop, in the hope of getting a clue about how to live.

❹ Nor adults do / do adults deliberately give children practice in saying certain sounds.

❺ Contrary to what seems logical, the larger the number of bystanders, the less likely people helped / are to help .

6   Just as saying sorry matters, so is / does remembering to thank those who help you move forward.

7   Always remember that behind every successful person is / are a lot of small failures.

8   In the middle of the garden was / were the tree of life and the tree of the knowledge of good and evil.

9   Hardly <u>had the baby girl passed</u> her first birthday when she caught smallpox and, failing to respond to medicine, died twelve days later.

10   His urge for self-preservation will not down, and in that overpowering will to live <u>is anchoring</u> the belief in supernatural forces, which is absolutely universal among peoples, past and present.

⓫   Only after the fever has subsided for more than 24 hours without the use of fever reducing medications <u>may your child attend</u> school.

⓬   Most helpful to the calm and peaceful atmosphere that the two-year-old child needs but cannot produce for himself/herself <u>is</u> the presence of comforting music, in almost any form.

⓭   It was not until 1066 <u>that</u> Britain became a nation and the many regions became united under one King.

⓮   Our challenge and indeed our duty as educators is to do <u>the very best</u> we can to help our students thrive as citizens of this new digital world.

⓯   Sarah was afraid, so she denied that she had laughed. But he said, "That's not true. You <u>did</u> laugh."

16   It was yesterday that I <u>myself</u> met Barack Obama <u>himself</u>.

17   <u>Seldom children</u> who were not exposed to the aggressive adult model display any aggressive play or talk.

18   Not only <u>do</u> we perceive attractive people as likable, we also perceive likable people as attractive.

19   The chances that anything bad will happen to you in the dark are <u>far</u> less than the chances that something bad will happen to you when the sun is out.

20   If you've got something hard to do and you're hesitant to do it, pick out something <u>even</u> harder and do that first.

㉑ Were it not for such warnings, there would be a greater danger of loss of life and property.

㉒ The vices of others we keep before our eyes, our own behind our back.

㉓ It is said that history is often told by the winners and it would be a far different tale if told by the losers.

㉔ Scientists say the very first jets of water from the shower are the most dangerous.

㉕ While technology makes life easier in some respects and does provide opportunities for meaningful relationships, it has its own downside.

26 Green tea contains <u>much</u> smaller quantities of caffeine than coffee.

27 Around his waist was a belt in which <u>were tucked</u> a revolver and two butcher knives.

28 It is your sense of pleasure <u>in that</u> you are trying to please.

29 Near the top of one of the highest peaks in the Rocky Mountain range — more than 10,000 feet above see level — <u>is</u> two natural springs.

30 Only in rich nations <u>can people afford</u> the luxury of clean water and clean air.

1 had the ladder fallen	9 OK	17 Seldom did	24 OK
2 did	10 is anchored	children	25 OK
3 I went	11 OK	18 OK	26 OK
4 do adults	12 OK	19 OK	27 OK
5 are to help	13 OK	20 OK	28 that
6 does	14 OK	21 OK	29 are
7 are	15 OK	22 OK	30 OK
8 were	16 OK, OK	23 OK	

❶ had the ladder fallen

해석   사다리가 땅에 쓰러지자마자 천둥이 울려서 나의 도와달라는 외침을 들은 사람이 길에 아무도 없었다.

풀이   천둥이 친 것과 사다리가 쓰러진 것이 거의 동시에 일어난 일임을 강조하는 표현으로 대과거를 쓰며, 부정어구가 문장 앞에 올 때 도치 구문을 만든다.

❷ did

해석   한 젊은 여성이 터키로 알려진 곳에서 이탈리아로 포크를 가져왔던 11세기까지는 포크로 식사를 하는 방식이 유럽에 도달하지 않았다.

풀이   부정어구가 문장의 앞으로 이동하면 도치 구문을 만든다. 일반동사 reach가 있으므로 조동사 did를 써야 한다.

❸ I went

해석   얼마 전에 나는 어떻게 살지에 대한 단서를

얻으려는 희망으로 주말 자기탐색 워크숍에 갔다.

풀이   Not long ago는 부사구로 Not은 문장을 부정하는 것이 아니라 long 만을 부정한다. 이런 문장에서는 도치구문을 쓰지 않고 정상적인 어순을 따른다.

❹ do adults

해석   어른들은 아이들에게 특정한 소리를 말하는 연습을 일부러 제공하지는 않는다.

풀이   부정어구가 문장의 앞에 위치할 때는 도치 구문을 만든다.

❺ are to help

해석   논리적으로 보이는 것과는 반대로 방관자들의 숫자가 많으면 많을수록, 사람들은 (곤경에 처한 사람을) 덜 도와주기 쉽다.

풀이   'people are likely to help'에서 형용사 likely를 문장을 앞으로 보낸 후 'the 비교급'으로 만든 것이므로 are to help가 되어야 한다.

❻ does

해석   미안하다고 말하는 것이 중요한 것처럼 네가 발전하도록 도움을 준 사람들에게 감사하는 것을 기억하는 것도 마찬가지다.

풀이   동사 matters를 대신 받을 수 있는 대동사가 필요하므로 조동사 does를 써야 한다. 주어는 remembering 이하이다.

❼ are

해석   모든 성공한 사람 뒤에는 많은 작은 실패들이 있다는 것을 늘 기억해라.

풀이   behind every successful person은 부사구이고 주어는 복수(a lot of small failures)이므로 복수 동사를 써야 한다.

❽ were

해석   그 정원의 한가운데에는 생명의 나무와 선과 악을 알 수 있는 나무가 있었다.

풀이   장소를 나타내는 부사구가 문장의 앞에 나온 도치구문으로 문장의 주어는 복수(the tree of life and the tree of the knowledge of good and evil)이므로 복수 동사를 써야 한다.

❾ OK

해석   첫돌이 지나자마자 그녀는 천연두에 걸렸고, 약이 듣지를 않아서 12일 후에 죽었다.

풀이   부정어구 Hardly 등이 문장의 앞에 놓일 때 도치구문을 만들며, 주절의 내용과 종속절의 내용이 거의 동시에 일어난 일임을 나타내는 표현으로 주절은 보통 대과거로 쓴다.

❿ is anchored

해석   자기 보존의 욕구는 줄지 않을 것이고 살고자 하는 그 강력한 의지 안에 초자연적인 힘에 대한 믿음이 연결되어 있는데, 이는 과거와 현재의 사람들 사이에 절대적으로 보편적인 것이다.

풀이   in that overpowering will to live는 부사구이며 the belief in supernatural forces가 주어이므로 수동태 문장을 써야 한다.

⓫ OK

해석   해열제를 사용하지 않고 24시간 이상 열이 내린 후에만 당신의 자녀는 등교할 수 있을 것입니다.

풀이   부정의 의미를 내포하고 있는 Only가 문장의 앞에 놓이면 도치 구문을 만든다.

⓬ OK

해석   두 살짜리 아이가 필요로 하지만 스스로 만들어 낼 수 없는 차분하고 평화로운 분위기에 가장 도움이 되는 것은 어떤 형태로든지 편안한 음악의 존재이다.

풀이   형용사구가 문장의 앞으로 이동한 도치 구문이며 문장의 주어는 the presence of

comforting music이고 보어가 most helpful이므로 be 동사가 필요하다.

⑬ OK

해석   영국이 하나의 국가가 되고 여러 지역들이 한 명의 왕 아래에서 통일된 것은 1066년이 되어서였다.

풀이   'It is ... that ...' 강조구문으로 not until 1066이 강조된 문장이다.

⑭ OK

해석   우리의 도전과 실제로 교육자들로서의 우리의 임무는 새로운 디지털 세상의 시민으로서 우리의 학생들이 잘 자랄 수 있도록 돕기 위해서 우리가 할 수 있는 최선을 다하는 것이다.

풀이   the very는 명사 best를 강조하기 위해서 사용된다.

⑮ OK

해석   Sarah는 두려웠고 그래서 그녀가 웃었다는 것을 부인했다. 하지만 그는 "그것은 사실이 아니다. 너는 진정 웃었다."라고 말했다.

풀이   일반 동사를 강조하기 위해서 조동사 do를 쓴다. 과거의 일이므로 과거형 did가 쓰였다.

⑯ OK, OK

해석   나 자신이 Barack Obama 자신을 만난 것은 바로 어제였다.

풀이   myself는 주어 I를 강조하기 위해서 쓰인 재귀대명사이고 himself는 목적어 Barack Obama를 강조하기 위해서 쓰인 재귀대명사이다.

⑰ Seldom did children

해석   공격적인 성인 모델에 노출되지 않은 어린이들은 공격적이 놀이나 말을 좀처럼 보이지 않았다.

풀이   부정어구 Seldom이 문장의 앞에 위치했으므로 도치 구문을 만든다. 일반동사 display가 있고 문맥상 과거시제가 되어야 하므로 조동사 did가 필요하다.

⑱ OK

해석   우리는 매력적인 사람들을 마음에 드는 것으로 인식할 뿐만 아니라 마음에 드는 사람들을 매력적이라고 인식한다.

풀이   Not only가 문장의 앞에 위치하면 도치구문을 만든다. 일반동사 perceive가 있으므로 조동사 do를 쓴다.

⑲ OK

해석   너에게 어두울 때 나쁜 일이 생길 가능성은 태양이 떴을 때 나쁜 일이 생길 가능성보다 훨씬 적다.

풀이 far는 비교급을 강조하기 위해서 사용된다.

⑳ OK

···

해석 만일 네가 할 어려운 일을 가지고 있고 그 것을 하기가 망설여진다면 더 어려운 일을 골라서 그것을 먼저 해라.

풀이 even은 비교급을 강조하기 위해서 사용 된다.

㉑ OK

···

해석 그러한 경고가 없다면 생명과 재산을 잃을 더 큰 위험이 있게 될 것이다.

풀이 가정법 문장 'If it were not for -'에서 If 는 생략할 수 있으며, 이땐 주어와 동사가 도치된다.

㉒ OK

···

해석 우리는 다른 사람들의 악을 우리 눈앞에 두고 우리 자신의 것은 등 뒤에 둔다.

풀이 목적어가 도치된 문장이며, our own과 behind our back 사이에는 we keep이 생략되어 있다.

㉓ OK

···

해석 역사는 종종 승자들에 의해서 말해지며, 만일 패자들에 의해서 말해지면 아주 다른

얘기가 될 것이라고들 한다.

풀이 if it is told에서 '주어 + be 동사'가 생략 된 형태이다.

㉔ OK

···

해석 과학자들은 샤워기에서 뿜어져 나오는 바로 그 첫 번째 것이 가장 위험하다고 말 한다.

풀이 the very는 명사(구) first jets를 강조하기 위해서 쓰였다.

㉕ OK

···

해석 어떤 면에서 기술이 삶을 더 쉽게 만들어 주고 의미 있는 관계를 위한 기회들을 제 공하는 반면에 그것은 그 자체의 단점을 가지고 있다.

풀이 동사를 강조하기 위해서 조동사 do를 쓸 수 있으며, 주어가 technology(3인칭 단 수)이므로 does를 썼다.

㉖ OK

···

해석 녹차는 커피보다 훨씬 더 적은 양의 카페 인을 포함하고 있다.

풀이 much는 비교급을 강조하기 위해서 사용 된다.

㉗ OK

해석 그의 허리에는 권총 한 자루와 두 개의 푸 줏간 칼을 찔러 넣은 허리띠가 둘러져 있 었다.

풀이 which의 선행사는 a belt이고, 부사구 in which가 왔으므로 도치구문이 쓰였다. were tucked의 주어는 a revolver and two butcher knives이다.

풀이 Only는 부정의 의미를 내포한 부사로 문 장의 앞에 위치하면 도치 구문을 만든다.

28   that

....

해석 여러분이 만족시키고자 애쓰는 것은 바로 여러분에게 쾌락을 느끼게 하는 감각이다.

풀이 'It is ... that ...' 강조구문으로 your sense of pleasure가 강조되고 있다. in that은 '- 라는 점에서'라는 의미가 있다.

29   are

....

해석 해발 고도 10,000피트 이상인 로키 산맥 의 가장 높은 정상들 중 하나의 꼭대기 근 처에 두 개의 자연 샘이 있다.

풀이 장소를 나타내는 부사구가 문장의 앞에 위 치하여 도치 구문이 되었고, 주어는 복수 (two natural springs)이므로 복수 동사가 필요하다.

30   OK

....

해석 부유한 나라들에서만 사람들은 깨끗한 물 과 깨끗한 공기라는 사치품을 향유할 수 있다.

조동사 + have p.p.

- He **must have worked** overnight. 2007학년도 9월
- You **should have seen** it in Tahiti. 2010학년도 수능

 조동사 + have p.p.

- 대부분의 조동사는 추측을 나타내며(must > will > would > ought to > should > can > could > may > might), '조동사 + have + p.p.'는 과거 사실에 대한 추측, 후회(유감) 등을 나타낸다.

  📎 '조동사 과거 + have p.p.'는 가정법 과거완료 구문(49 참조)에서 흔히 사용된다.
  will have p.p.는 미래완료를 나타낸다.

216 Those victims of education **should have received** training to develop creative talents while in school. 1999학년도 수능

217 In traditional societies, high status **may have been** extremely hard to acquire.
2009학년도 6월

218 Computers enable mathematicians to discover results that they **could not have discovered** on their own. 2010학년도 9월

219 The vanguard of such a migration **must have been** small in number and **must have traveled** comparatively light. 2014학년도 수능

 해석
- 그는 밤새 일을 했음에 틀림없다.
- 당신은 그것을 Tahiti에서 봤어야 했어요.
216 그 교육의 희생자들은 학창시절에 창의적인 재능을 계발하기 위해서 훈련을 받았어야 했다.
217 전통 사회에서 높은 지위는 획득하기가 엄청나게 어려웠을 것이다.
218 컴퓨터는 수학자들이 스스로는 발견할 수 없었을 결과들을 발견하는 것을 가능하게 한다.
219 그러한 이주의 선봉대는 숫자가 적었으며, 비교적 가벼운 짐을 가지고 여행을 했음에 틀림없다.

1 will의 과거형

· I asked my father if he would go down to the schoolyard and play basketball with me. 2009학년도 수능
· Her mom knew that she was so ill that she would die soon without expensive treatment. 2000학년도 수능

2 정중한 부탁

· Would you please read this book from cover to cover?

3 과거의 고집

· She wanted to stop going for Japanese and Arabic lessons, but her father would not listen. 2000학년도 수능

4 소망

· Do to others as you would be done by.

5 (과거의) 반복된 동작(불규칙적인 습관)

· After feeding my brother and me breakfast, Mom would scrub, mop, and dust everything. 2004학년도 수능
· As a little girl, she would watch as her mother cut off a small bit from one end of the meat before placing it in the roasting pan.
2013학년도 수능

> **cf.**
> I used to chew my fingernails when I was a child.
> (현재와 대조되는, 과거에 오랫동안 계속되었던 동작의 반복)
> There used to be a tree that is no longer there.
> (과거에 오랫동안 계속되었던 상태)

6 가능성·추측

· In a society that cherishes honor or bravery, a battle wound would be more of a status symbol. 2008학년도 수능
· If I hadn't come along, he would have eventually died of starvation. 2013학년도 수능

7 관용적 표현

· I would like to ask for the kindness in your heart to forgive my unintended offense. 2010학년도 수능
· I would rather die a meaningful death than live a meaningless life.

박스 안에서 어법에 맞는 표현을 고르시오.
밑줄 친 표현이 어법에 맞는지를 판단하고 필요하면 어법에 맞게 고치시오.

❶ I regret having paid little attention to him. In other words, I should pay / have paid more attention to him.

❷ Sadly, our environment is much dirtier than it did / was in the past.

❸ The city at one time cannot / must have been prosperous, for it enjoyed a high level of civilization.

❹ The amount of stress we feel has more to do with how we react to our problems than it is / does with the problems themselves.

❺ At night, he used to look / looking up to the stars, wondering whether they were worlds like our own.

6 Thanks to new techniques in packaging and keeping foods, buyers must not / don't need to do many things in order to eat them.

7 One of the most important aspects of green products should be durability. If something is tough or can / ought to be readily repaired, this lessens the chance that it'll end up in the landfill, and could easily save you money in the long run, even if it's initially more expensive.

8 People who have large, infrequent meals tend to gain more weight and to have a higher level of fat in the blood than do / doing those who eat smaller quantities (but the same total) at regular intervals.

9 Managers at high-tech firms realize that workers often know more about technology than they are.

10 Farmers used to milk / milking cows by hand, but now most dairy farms use milking machines.

1 have paid	4 does	7 can	10 milk	
2 was	5 look	8 do		
3 must	6 don't need to	9 do		

❶ have paid

해석　나는 그에게 주의를 기울이지 않았던 것을 후회한다. 다시 말해서, 나는 그에게 좀더 주의를 기울였어야 했다.

풀이　과거 사실에 대한 후회나 유감을 나타낼 때는 'should have + p.p.'를 쓴다.

❷ was

해석　슬프게도 우리의 환경은 과거에 그랬던 것보다 더 더럽다.

풀이　형용사 보어 dirtier가 쓰였으므로 be 동사가 필요하다.

❸ must

해석　그 도시가 높은 수준의 문명을 향유했으므로, 그 도시는 한 때 번성했음에 틀림없다.

풀이　과거 사실에 대한 강한 추측은 'must have + p.p.'로 나타낸다.

❹ does

해석　우리가 느끼는 스트레스는 문제들 그 자체보다는 우리의 문제들에 우리가 반응하는 방식과 더 많은 관계가 있다.

풀이　조동사 does는 has to do with ~ 대신 쓰인 조동사이다.

❺ look

해석　밤이면, 그는 별들이 우리 지구와 같은 세계인지를 궁금해 하면서 별을 올려다보곤 했다.

풀이　현재와 대조되는 과거의 습관적 동작을 나타낼 때 'used to + 동사원형'을 쓴다.

❻ don't need to

해석　음식을 포장하고 보관하는 새로운 기술 덕택으로 구매자들은 먹기 위해 많은 일을 할 필요가 없다.

풀이　must not은 '강한 금지'를 나타내며, don't need to는 '불필요'를 나타낸다.

❼ can

해석　친환경 제품의 가장 중요한 면 중 하나는 내구성이어야 한다. 어떤 물건이 튼튼하거나 쉽게 고쳐질 수 있다면, 이는 그 물건이 쓰레기 매립지에 폐기될 가능성을 줄이고, 비록 처음엔 그 물건이 더 비쌀지라도 결국 당신으로 하여금 쉽게 비용을 절감시킬 수 있게 해준다.

풀이 조동사 can은 '가능성'을 나타내며, ought to는 '당위'를 나타낸다.

8 do
....

해석 많은 양의, 이따금 씩의 식사를 하는 사람들은 일정한 간격을 두고 적은 양(그러나 총량은 같은)을 먹는 사람들보다 체중이 더 많이 늘고 혈액 내에 많은 양의 지방을 지니는 경향이 있다.

풀이 than 뒤의 조동사 do는 tend to ~를 대신 받는다.

9 do
....

해석 최첨단 회사의 관리자들은 근로자들이 종종 기술에 관해 자신들이 아는 것 보다 더 많이 알고 있다는 것을 깨닫는다.

풀이 know를 받는 대동사가 필요하므로 조동사 do를 써야 한다.

10 milk
....

해석 농부들은 손으로 우유를 짰었지만 이제 대부분의 낙농장에서는 착유기를 사용한다.

풀이 조동사 'used to'는 현재와 대조가 되는 과거의 상태 또는 습관을 나타낸다.

제대로 독해잡는 문법구문세트

발행일	초판 1쇄 발행 2015년 11월 11일
	초판 2쇄 발행 2017년 2월 10일
	초판 3쇄 발행 2019년 2월 28일

지은이	남조우
발행인	남조우
디자인	섬:섬(some:some)
일러스트	정우동
인쇄	한길프린테크

발행처	도서출판 책벌레
주소	경기도 안양시 만안구 박달로 497번길 57, 205-1003
전화	010-5388-7741 (구입 문의)
팩스	031-465-4650 (전화 겸용)
출판신고	2012년 11월 9일 제384-2012-00060호
내용문의	www.englishking.net
이메일	unim4eo@gmail.com
정가	13,000원
ISBN	979-11-954272-1-5